Burckhardt Löber · *Erben und Vererben in Spanien*

Treuhandpartner
Bibliothek
2032/99

D1574536

Dr. Burckhardt Löber

Rechtsanwalt · Notar · Abogado

Erben und Vererben in Spanien

Die deutsch-spanische Erbrechtssituation

3. Auflage

edition für internationale wirtschaft
Frankfurt 1998

Die Deutsche Bibliothek - CIP-Einheitsaufnahme

Erben und Vererben in Spanien. Die deutsch-spanische Erbrechtssituation / Burckhardt Löber, unter Mitarbeit von Erhard Huzel.
3., überarb. und erg. Aufl. Frankfurt/Main: Edition für Internationale
Wirtschaft 1998.
1. Aufl. u.d.T: Löber, Burckhardt: Nachlaß von Ausländern
in Spanien
ISBN 3-921326-30-3
NE: Löber, Burckhardt; Huzel, Erhard

Alle Rechte vorbehalten.
Ohne ausdrückliche Genehmigung des Verlages ist es auch
nicht gestattet, das Buch oder Teile daraus in irgendeiner
Form (durch Fotokopie, Mikrofilm oder ein anderes Verfahren) zu vervielfältigen.

© 1998 by Verlag *edition für internationale wirtschaft*, Frankfurt am Main

VORWORT

Erben und Vererben ist ein Thema, das viele beschäftigt. Die einen, weil sie nicht wissen, wie sie ihre spanischen Vermögenswerte von Todes wegen übertragen können. Und die anderen, die Erben, kennen häufig nicht die Schritte, die erforderlich sind, um hinsichtlich der spanischen Vermögenswerte in die Rechtsposition des Erblassers eintreten zu können.

Bei dem Erblasser geht es um Vorsorgemaßnahmen sowie um rechtliche und steuerliche Gestaltungen mit dem Ziel, einen möglichst reibungslosen Vermögensübergang auf den Erben oder Vermächtnisnehmer zu ermöglichen. Bei dem Erben ist die Zielsetzung schon vorgegeben, nämlich den Willen des Erblassers in die Tat umzusetzen oder - falls sich ein derartiger Willen mangels letztwilliger Verfügung nicht manifestiert hat - die entsprechende Rechtsposition als Erbe anzutreten.

Diese Schrift versucht, diesen Vorgaben gerecht zu werden, indem zunächst die grundsätzliche deutsch-spanische Erbrechtssituation in ihren Einzelheiten aufgezeigt wird und sodann Gestaltungsmöglichkeiten für den Erblasser als auch praktische Tips für den Erben gegeben werden.

Maßgeblich für die vorliegende Arbeit sind nicht nur die Bestimmungen des internationalen Erbrechts, sondern auch die des internationalen Güterrechts. Diese gesetzlichen Maßnahmen sind ebenso berücksichtigt worden wie Gerichtsentscheidungen und neueres Schrifttum.

Herr Kollege Dr. Vicente-Luis Simó Santonja, *Valencia, hat an der schon lange vergriffenen Monographie „Nachlaß von Ausländern in Spanien", Frankfurt 1976, mitgewirkt, auf der viele Ergebnisse dieser Arbeit fußen. Ihm sei an dieser Stelle noch einmal für seine frühere Mitarbeit gedankt.*

Mein besonderer Dank an dieser Stelle gilt Herrn Professor Dr. Erhard Huzel, *Lübeck, der maßgeblich an dieser Neubearbeitung mitgewirkt und sie wissenschaftlich betreut hat. Hierbei kam Herrn Dr. Huzel seine langjährige Tätigkeit als wissenschaftlicher Mitarbeiter am Institut für internationales und ausländisches Privatrecht der Universität zu Köln zugute.*

Frankfurt/Lübeck, im Oktober 1997

Dr. Burckhardt Löber
Rechtsanwalt-Notar-Abogado
Schiller Rechtsanwälte/Abogados
Frankfurt • Madrid • Barcelona • Bilbao • San Sebastián • Marbella

INHALTSÜBERSICHT

Literaturverzeichnis   XI

Abkürzungen   XV

A.   Erläuterungen   1

1.   Die deutsch-spanische Erbrechtssituation   1
1.1.   Allgemeines   1
1.2.   Erbstatut   3
1.3.   Nachlaßgerichte   5
1.4.   Internationale Abkommen   6
1.5.   Literatur   8

2.   Internationales und nationales Erbrecht   10
2.1.   Internationales Erbrecht   10
2.1.1. Deutsche Regelung   10
2.1.2. Spanische Regelung   11
2.1.3. Spanische Foralrechte   12
2.2.   Nationales (materielles) Erbrecht   13
2.2.1. Deutsche Regelung   14
2.2.2. Spanische Regelung   14
2.2.3. Zwischenergebnis   14

3.   Abgrenzungen und Überschneidungen beider
Rechtssysteme   16
3.1.   Probleme im Zusammenhang mit dem "Erbstatut" und der "Erbfolge" 16
3.2.   Verschiedene Rechte der Erbfolge und der Belegenheit   18
3.3.   Verschiedene Rechte der Erbfolge und des Güterstandes bei Eheleuten 19
3.4.   Bedeutung des Erbstatuts des Erben für seine Erbfähigkeit 20
3.5   Ordre public und Erbrecht   21

4.   Gesetzliche Erbfolge   23
4.1.   Deutsche Regelung   23
4.2.   Spanische Regelung   24

5.   Form und Inhalt letztwilliger Verfügungen   25
5.1.   Allgemeines   25
5.2.   Befugnis des Erblassers, die Anwendung deutschen Rechts aus-
        zuschließen ?   28

6.   Erbeinsetzung und Vermächtnis   30
6.1.   Erbeinsetzung   30
6.2.   Vermächtnis   30
6.3.   Praktische Überlegungen   31

7.   Sprache des Testaments   33

8.	**Eigenhändiges (Privat-) Testament**	35
8.1.	Deutsche Regelung	35
8.2.	Spanische Regelung	36
8.3.	Kriterien	36
9.	**Letztwillige Verfügungen unter Mitwirkung einer Urkundsperson**	38
9.1.	Allgemeines	38
9.2.	Notariell gestaltetes Testament	39
9.2.1.	Deutsche Regelung	39
9.2.2.	Spanische Regelung	39
9.3.	Testament und spätere Erbscheine	40
10.	**Gemeinschaftliches Testament**	41
10.1.	Wechselbezügliches Testament	41
10.2.	Gegenseitiges Testament	41
10.3.	"Berliner" Testament	41
10.4.	Verbot des gemeinschaftlichen Testaments für Spanier nach dem Código Civil	42
11.	**Besondere Testamentsarten**	44
12.	**Erbvertrag**	46
12.1.	Deutsche Regelung	46
12.2.	Verbot des Erbvertrags nach dem Código Civil	47
12.3.	Erbvertrag bei gemischt-nationales Ehen	47
12.4.	Wirksamkeit des in Deutschland geschlossenen Erbvertrages in Spanien	49
13.	**Hinterlegung und Verwahrung letztwilliger Verfügungen**	50
13.1.	Deutsche Regelung	50
13.2.	Spanische Regelung	51
13.3.	Registrierung von vor *deutschen* Notaren errichteten Testamenten in *Spanien*	51
14.	**Schenkungen bezogen auf den Todesfall und Verträge zugunsten Dritter/Versicherungen**	55
15.	**Widerruf und Anfechtung letztwilliger Verfügungen**	57
15.1.	„Die Zeiten ändern sich" -Widerruf	57
15.2.	Anfechtung	58
15.3.	Adressat der Erklärungen	58
15.4.	Widerruf und Anfechtung letztwilliger Verfügungen auch nach spanischem Recht	59
16.	**Eintritt des Erbfalls, Testamentseröffnung und Erbschein**	60
16.1.	Eintritt des Erbfalls	60
16.2.	Testamentseröffnung und Erbschein	61
16.3.	Nachlaßzeugnis nach spanischem Recht, *„Acta de Notoriedad"*	62
16.4.	Erbschaftsannahmeerklärung	65
17.	**Generelles zum Nachlaßverfahren**	68
17.1.	Konkurrierende internationale Zuständigkeit	68
17.2.	Haftungsbeschränkung	68
17.3.	Internationale Rechtshilfe	70
17.4.	Maßnahmen nach spanischem Recht	71

18.   **Erbengemeinschaft und Erbauseinandersetzung**   72
18.1.   Erbengemeinschaft   72
18.2.   Erbauseinandersetzung   73

19.   **Testamentsvollstreckung in Fällen mit Auslandsberührung**   74
19.1.   Allgemeines - Aufgaben des Testamentsvollstreckers   74
19.2.   Testamentsvollstreckerzeugnis   76
19.3.   Testamentsvollstreckung nach spanischem Recht   76
19.4.   Haager Abkommen über die internationale Abwicklung von Nachlässen   77
19.5.   Testamentsvollstreckung in Spanien aus praktischer Sicht   78

20.   **Haftung für Nachlaßverbindlichkeiten**   79
20.1.   Anwendbares Recht - Erbstatut   79
20.2.   Erbausschlagung   79
20.3.   Haftungsbeschränkung   80

21.   **Pflichtteilsansprüche**   83
21.1.   Pflichtteilsansprüche nach dem BGB   83
21.2.   Noterbrechte nach gemeinspanischem Recht   83
21.3.   Erbverzicht: Pflichtteils- bzw. Noterbrechte und ordre public   84

22.   **Ehelicher Güterstand und Erbrecht**   86
22.1.   Gleichlauf oder Auseinanderfallen der Statute   86
22.2.   Geltung der „Zugewinnausgleichsautomatik" (§ 1371 BGB) in Spanien?   88

23.   **Vollmachtsfragen in deutsch-spanischen Erbfällen**   89
23.1.   Allgemeines - Vollmachtsstatut   89
23.2.   Deutsches IPR -spanisches IPR   89
23.3.   Auswirkung in der Praxis, Sonderfall der Vollmacht auf den Todesfall   90

24.   **Erbstatut von Mehrstaatern, Staatenlosen und "Staatenwechslern"**   92
24.1.   Mehrfache Staatsangehörigkeit   92
24.2.   Staatenlose, Flüchtlinge und Vertriebene   93
24.3.   Staatenwechsler   94

25.   **Zuständige Gerichte**   95
25.1.   Deutsche Gerichte und Behörden   95
25.2.   Spanische Gerichte und Behörden   97

26.   **Erbrechtliche Bankfragen**   99
26.1.   Allgemeines   99
26.2.   Praktische Überlegungen - „cuenta corriente indistinta"   99

27.   **Spanisches Erbschafts- und Schenkungssteuerrecht**   101
27.1.   Steuersubjekte   102
27.2.   Steuergegenstand   102
27.3.   Unbeschränkte und beschränkte Steuerpflicht   103
27.4.   Bemessungsgrundlage   104
27.4.1. Erwerb von Todes wegen   104
27.4.2. Erwerb zwischen Lebenden   106
27.4.3. Freibeträge   107
27.5.   Steuersatz   108

27.6. Anrechnung auf die Steuerschuld 111
27.7. Fälligkeit der Steuer und Verjährung 112
27.8. Steuererklärungspflichten 112
27.8.1. Zuständiges Finanzamt 112
27.8.2. Abgabefrist 113
27.8.3. Veranlagung von Amts wegen oder Selbstveranlagung 113
27.8.4. Teilsteuererklärung 114
27.9. Informationspflichten und Wirkung der Steuererklärung 115
27.10. Steuerrepräsentant 115
27.11. Stundung und Ratenzahlung 116

28. Ausgleich der Doppelbesteuerung 117

B. Muster 119

1. Errichtung eines offenen Tetaments vor einem spanischen Notar 119
2. Testamentsbeurkundung vor einem deutschen Notar 121
3. Beurkundung eines gemeinschaftlichen Testaments vor einem deutschen Konsul 122
4. Privatschriftliches Testament 123
5. Auszug aus dem spanischen Zentralen Nachlaßregister (Madrid) 124
6. Spanisches Erbzeugnis bei gesetzlicher Erbfolge 125
7. Erbschein (nach deutschem Recht) 127

C. Checklisten 129

1. Checkliste für den deutschen Erblasser mit Vermögen in Spanien 129
2. Checkliste für den Erben von in Spanien belegenem Vermögen 130

D. Anhang - Gesetzestexte 131

1. Internationale Abkommen und Staatsverträge 131
2. Deutsche Gesetze 134
3. Spanische Gesetze, Dekrete und Verordnungen 140

Stichwortverzeichnis 147

LITERATURVERZEICHNIS

ADOMEIT, Klaus
FRÜHBECK, Guillermo

Einführung in das spanische Recht. Das Verfassungs-, Zivil-,Wirtschafts- und Arbeitsrecht des Königreichs Spanien;
München 1993

ALBALADEJO GARCÍA,
Manuel

Comentarios al Código civil y Compilaciones forales,
Tomo IX, Vol. 2, Madrid, 1983
(zit. z.B. *Ortiz de la Torre* in: Albaladejo IX-2, S.)

BERENBROK,
Marius

Internationale Nachlaßabwicklung,
Berlin 1989

BRANDT, Andreas Alfred/
PALANCO BÜHRLEN,
José Luis

Erbrechtsbrevier für Spanienfreunde,
Hamburg 1997

BRUNNER,
Guido

Rechtsvergleichende Studie des deutschen und spanischen internationalen Erbrechts im Hinblick auf die deutsch-spanischen Beziehungen,
Jur. Dissertation München 1955

CAMARA ALVAREZ,
Manuel de la

Compendio de derecho sucesorio,
Madrid 1990

CREMADES, Bernardo M./
MACEDO, Antonio

Das neue spanische Internationale Privatrecht,
RIW 1975, S. 375-379

DÖRNER,
Heinrich

Probleme des neuen Internationalen Erbrechts,
DNotZ 1988, S. 67 - 109

FERID,
Murad

Der Erbgang als autonome Größe im Kollisionsrecht,
in: Festschrift für Ernst J. Cohn, Heidelberg 1975, S. 31

FERID, Murad/
FIRSCHING, Karl

Internationales Erbrecht (Loseblattsammlung), Länderteil Spanien -
Stand: Lieferung XXXII, Juli 1990 (Bearbeiter: Hans *Rau*)

FERID, Murad/
KEGEL, Gerhard/
ZWEIGERT, Konrad

Gutachten zum internationalen und ausländischen Privatrecht (veröffentlicht im Auftrag des Deutschen Rates für internationales Privatrecht), Jahrgangsbände, Frankfurt am Main
(Zitierweise: z.B. IPG 1982 Nr. 33 [Hamburg] S. 325)

GANTZER,
Peter

Spanisches Immobilienrecht,
6. Aufl., Frankfurt/Main 1995

GARCIA AÑOVEROS, Jaime/
CALERO GALLEGO, Juan/
u.a.

Manual del Sistema tributario español,
Madrid 1993

GONZÁLEZ CAMPOS,
Julio D.

Derecho internacional privado, Parte especial II,
Oviedo 1984
(zit. z.B: *Calvo Caravaca* in: González Campos)

HAEGELE, Karl/
WINKLER, Kurt

Der Testamentsvollstrecker nach bürgerlichem, Handels- und
Steuerrecht, 14. Aufl., Regensburg 1996

HIERNEIS, Otto	Das besondere Erbrecht der sogenannten Foralrechtsgebiete Spaniens, Berlin/Tübingen 1966
von HOFFMAN, Bernd/ ORTIZ-ARCE, Antonio	Das neue spanische internationale Privatrecht, RabelsZ 39 (1975), S. 647-691 (= El nuevo sistema español de derecho internacional privado, REDI 1977, 69 ff.)
HUZEL, Erhard	Zur Bedeutung „wiederholter Rechtsprechung des Tribunal Supremo" für das spanische Zivilrecht, ZfRV 1990, 256-260
IBÁN, Iván C.	Introducción al Derecho Español, Baden-Baden 1995
JAYME, Erik	Grundfragen des internationalen Erbrechts - dargestellt an deutsch-österreichischen Nachlaßfällen, ZfRV 24 (1983), S.162 - 179
JAYME, Erik	Rechtsspaltung im spanischen Privatrecht und deutsche Praxis (Pluralidad legislativa en el Derecho privado español y práctica jurídica alemana), in: Deutsch-spanische Juristenvereinigung (DSJV; Hrsg.), Informaciones III/90, S. 46-59 (zweisprachig)
JAYME, Erik/ HAUSMANN, Rainer	Internationales Privat- und Verfahrensrecht, Textausgabe, 7. Aufl., München 1994
JOHNEN Cornelia	Die Behandlung von Erbscheinsanträgen mit Auslandsberührung in der notariellen Praxis, MittRhNotK 1986, S. 57-73
KEGEL, Gerhard	Internationales Privatrecht, 7. Aufl., München 1995
KROPHOLLER, Jan	Internationales Privatrecht (Auf der Grundlage des Werkes von Paul Heinrich Neuhaus:Die Grundbegriffe des Internationalen Privatrechts), 2. Aufl., Tübingen 1994
LACRUZ BERDEJO, José Luis	Manual de Derecho Civil, Barcelona 1979
LEIPOLD, Dieter	Erbrecht, 11. Aufl., Tübingen 1996
LIPSTEIN, Kurt	Das Haager Abkommen über die internationale Abwicklung von Nachlässen, RabelsZ 39 (1975), S. 29-55
LÖBER, Burckhardt	Abkommen Deutschland / Spanien (über Urteilsvollstreckung, Niederlassung, Doppelbesteuerung, Technologische Zusammenarbeit; zweisprachige Textausgabe mit Erläuterungen), 4. Aufl., Frankfurt/Main 1988 (zit.: Löber, Abkommen)
LÖBER, Burckhardt/ PEUSTER, Witold (Hrsg.)	Aktuelles spanisches Handels- und Wirtschaftsrecht, Frankfurt/Main, Köln 1991
LOIS PUENTE, José Manuel	El Llamado Testamento en Lengua extranjera, RDP 1988, S. 971-988
LUCHT, Michael	Internationales Privatrecht in Nachlaßsachen, Rpfleger 1997, S. 133-141

LÜDERITZ Alexander	Internationales Privatrecht, 2. Aufl., Frankfurt/Main 1992
MARTÍN MORENO, José Luis	Comentarios a la Ley del Impuetso sobre Sucesiones y Donaciones, Granada 1988
O'CALLAGHAN MUÑOZ Xavier	Compendio de Derecho Civil, Tomo V - Derecho de Sucesiones, 2. Aufl., Madrid 1987
PALANDT Otto	Bürgerliches Gesetzbuch, Kommentar 56. Aufl., München 1997 (zit. z.B.: *Palandt/Edenhofer*)
PEUSTER, Witold	Das spanische Zivilgesetzbuch, Köln 1979
PEUSTER, Witold	Das spanische internationale Privatrecht, in: *Löber/Peuster* (Hrsg.), Aktuelles spanisches Handels- und Wirtschaftsrecht, Frankfurt/Main, Köln 1991, S. 1-18
PUIG BRUTAU, José	Fundamentos de Derecho Civil, Band 5-2, 3. Aufl., Barcelona 1990
RAU, Hans	Zur Reform des spanischen Internationalen und Interregionalen Privat- rechts, IPRax 1986, S. 254-256
RAU, Hans	Das in Deutschland von spanischen Ehegatten errichtete gemeinschaft- liche Testament (El testamento mancomunado hecho en Alemania por cónyuges españoles, in: DSJV (Hrsg.), Informaciones 1987, S.12 f. (zweisprachig)
RECKHORN-HENGEMÜHLE Monika	Das spanische Erbschaft- und Schenkungsteuergesetz, in: Deutsche Schutzvereinigung Auslandsimmobilien e.V. (Hrsg.), DSA-Informa- tionsblätter, 1997
RIVAS MARTINEZ, Juan José	Derecho de Sucesiones, Común y Foral, Tomo II, Madrid 1992
RUDOLPH, Cornelia	Grundzüge des spanischen Ehe- und Erbrechts unter Berücksichtigung des internationalen Privatrechts im Verhältnis zur Bundesrepublik Deutschland, MittRhNotK 1990, S. 93-107
SAMTLEBEN, Jürgen	Länderbericht „Spanien, Portugal und Lateinamerika", in: *Müller*, D. (Hrsg.) , Die Anwendung ausländischen Rechts im internationalen Pri- vatrecht, Tübingen 1968, S. 49-65
SCHWARZ, Hubertus	Grundstücksveräußerung in Spanien aufgrund Testamentsvollstrek- kung oder Nachlaßpflegschaft, RIW 1977, S. 757-760
SIEHR, Kurt	Das internationale Erbrecht nach dem Gesetz zur Neuregelung des IPR, IPRax 1987, S.4-8
UMSTÄTTER, Hans-Otto	Gemeinschaftliche Testamente mit Auslandsberührung, DNotZ 1984, S. 532 - 541
WEIGAND, Frank-Bernd	Der deutsch-spanische Rechtsverkehr. Zuständigkeit - Aner- kennung - Vollstreckung, Frankfurt/Main 1992

ABKÜRZUNGEN

aaO	am angegebenen Ort	IPRax	Praxis des internationalen Privat- und Verfahrensrechts
Abs.	Absatz		
Anm.	Anmerkung	i.V.m.	in Verbindung mit
Art.	Artikel		
AWD	Außenwirtschaftsdienst des Betriebs-Beraters	KO	Konkursordnung
		L.E.C.	Ley de Enjuiciamento Civil
BB	Betriebs-Berater	L.H.	Ley Hipotecaria
BGB	Bürgerliches Gesetzbuch		
BGBl.	Bundesgesetzblatt	m.a.W.	mit anderen Worten
BGH	Bundesgerichtshof	Mio.	Millionen
B.O.E.	Boletín Oficial del Estado	MittRhNotK	Mitteilungen der Rheinischen Notarkammer
bzw.	beziehungsweise		
		m.w.N.	mit weiteren Nachweisen
CC	Código civil		
		Nr.	Nummer
D.G.R.N.	Dirección General de los Registros y del Notariado	Ptas.	Pesetas
d.h.	das heißt		
DNotZ	Deutsche Notarzeitung	**RabelsZ**	Zeitschrift für ausländisches und internationales Privatrecht
DR	Deutsches Recht		
DSA	Deutsche Schutzgemeinschaft für Auslandsimmobilien e.V.	RDP	Revista de Derecho Privado
DVO	Durchführungsverordnung	REDI	Revista Española de Derecho Internacional
		RGBl.	Reichsgesetzblatt
ebd.	ebendort	RG	Reichsgericht
EGBGB	Einführungsgesetz zum Bürgerlichen Gesetzbuch	RIW	Recht der internationalen Wirtschaft
Einf.	Einführung	R.H.	Reglamento Hipotecario
ErbschStG	Erbschaftsteuergesetz	Rpfleger	Der deutsche Rechtspfleger
EuGVÜ	Europäisches Übereinkommen über die gerichtliche Zuständigkeit und die Vollstreckung gerichtlicher Entscheidungen in Zivil- und Handelssachen	RPflG	Rechtspflegergesetz
		Rspr.	Rechtsprechung
		Rz.	Randziffer
		S.	Seite
		s.	siehe
f.	folgende(r)	s.a./s.o.	siehe auch/siehe oben
FGG	Gesetz über die Angelegenheiten der freiwilligen Gerichtsbarkeit	span.	spanisch
		T.S.	Tribunal Supremo
Fn.	Fußnote		
		Verf.	Verfasser
GFK	Genfer Konvention über die Rechtsstellung der Flüchtlinge	vgl.	vergleiche
		z.B.	zum Beispiel
h.M.	herrschende Meinung	ZfRV	Zeitschrift für Rechtsvergleichung
i.d.F.	in der Fassung	ZGB	[span.] Zivilgesetzbuch
IPG	Gutachten zum internationalen und ausländischen Privatrecht	Ziff.	Ziffer
		zit.	zitiert
IPR	Internationales Privatrecht	ZPO	Zivilprozeßordnung

1.   Die deutsch-spanische Erbrechtssituation

1.1.   Allgemeines

Bis in die heutige Zeit wirkt in der Vorstellungswelt vieler ein Prinzip nach, das man geradezu „mittelalterlich" nennen muß - nicht nur wegen der Zeit seiner Entstehung und Geltung, sondern insbesondere wegen seines Inhalts: das *Heimfallsrecht ausländischen Nachlasses zugunsten der Krone*. Danach galt der - sinnigerweise auch noch Recht („ius albinagii") genannte - Grundsatz, daß im Inland belegenes Vermögen von Ausländern nicht vererbbar ist, ja mit dem Tode ihrer Eigentümer dem jeweiligen Belegenheitsstaat zufällt. Doch gehört dies - zumindest seit der Französischen Revolution - der Vergangenheit an. Obwohl ihr Kampflied die *Marseillaise* war und nicht die *Internationale* hieß, war doch einer ihrer Programmsätze die Beseitigung dieses, den Ausländer diskriminierenden Prinzips. Der Staat anerkannte zunächst als neuen Grundsatz: die freie Vererblichkeit des im Inland befindlichen Vermögens von Ausländern. Und: Die damit begründete Freiheit des ausländischen Erblassers, über sein Hab und Gut letztwillig zu verfügen. Darauf ging die Diskussion einen Schritt weiter: vom *Ob* zum *Wie* der Vererbbarkeit ausländischen Besitzes.

Der Tod eines Menschen wirft in rechtlicher Hinsicht besonders dann erhebliche Probleme auf, wenn mehrere Rechtsordnungen eingreifen. Zunächst muß das maßgebliche *Statut*, also die auf den internationalen Lebenssachverhalt anwendbare Rechtsordnung festgestellt werden. Erst dann kann man die weitere Feststellung treffen, wer ein Recht auf den Nachlaß hat. Die Frage, welches Recht auf internationale Erbfälle anzuwenden ist, mithin die Frage nach dem Erbstatut, ist von den verschiedenen nationalen Gesetzgebern unterschiedlich beantwortet worden.

Die einen sehen den letzten Wohnsitz des Erblassers als den wichtigsten Anknüpfungspunkt an (*Wohnsitzprinzip*) und wenden deshalb das dort geltende Recht auf internationale Erbfälle an. Andere sprechen sich für die Anwendbarkeit desjenigen Rechts aus, in dessen Bereich das Vermögen be legen ist (*Belegenheitsprinzip*). Hierbei wird häufig danach unterschieden, ob es sich um bewegliches Vermögen (Mobilien) oder um unbewegliches (Immobilien) handelt, was zur Anwendbarkeit verschiedener Rechte - nebeneinander - führen kann (Nachlaßspaltung). Die Mehrzahl der Staaten allerdings sehen das Heimatrecht des Erblassers als wichtigsten Anknüpfungspunkt. Maßgeblich ist dann das Recht des Staates, dessen Staatsangehörigkeit der Erblasser besitzt (*Staatsangehörigkeitsprinzip*) [1].

Treffen mehrere Regelungen verschiedener Rechte zusammen, ist nach den Kollisionsnormen des *Internationalen Privatrechts* zu entscheiden, welches Recht vorgeht. Sinn und Zweck dieser Regelungen ist es also, international-rechtliche Sachverhalte - trotz Berührens und Ineinandergreifens unterschiedlicher Rechtsordnungen - einer Lösung zuzuführen. Denn in der Regel sind zwar die Gesetze eines einzelnen Landes inhaltlich aufeinander abgestimmt, nicht jedoch diejenigen verschiedener Länder. So regelt sich etwa die Erbfolge nach einem deutschen Staatsangehörigen nach den Bestimmungen des deutschen Bürgerlichen Gesetzbuchs (BGB) und seines Einführungsgesetzes (EGBGB). Die Eintragbarkeit von Rechten an einem von ihm hinterlassenen Grundstück in Spanien richtet sich dagegen nach den Regeln des spanischen Hypothekengesetzes; dieses freilich ist zugeschnitten auf das System des spanischen Código Civil. Haben dann die einzelnen Regelungen der verschiedenen anwendbaren Rechtsordnungen unterschiedliche Voraussetzungen und Gestaltungsformen, führt dies vielfach zu Rechtskonflikten.

Zur Veranschaulichung sei dies - für die iberische Halbinsel passend - verglichen mit dem Einbau eines Mercedes-Motors in einen Seat.[2] Dieser Versuch müßte gelingen, weil üblicherweise die Komponenten Karosse und Motor mit „Zutaten" wie Getriebe etc. das sich selbst bewegende Gefährt Auto ergeben. Hier wird der autofahrende Laie zweifeln, wie das denn funktionieren soll. Die verschiedenen „Systeme" Mercedes und Seat müssen aufeinander abgestimmt werden, um ein funktionsgerechtes Laufen zu ermöglichen. Harmonisierung oder Synchronisation im internationalen Erbrecht bedeutet eigentlich nicht mehr als im Automobilbau: Feinabstim-

---

[1] Zum Erbstatut von „Doppel-" und „Mehrstaatern" unten Kapitel 24., S. 92 f.
[2] So „abenteuerlich" dieses Beispiel auch erscheint: Auf Gran Canaria bekam der *Verf.* von einem Taxifahrer einmal ein solches Gefährt gezeigt - Mercedes-Motor in einem Seat.

mung unterschiedlicher Regelungen aufeinander mit dem Ziel, eine Lösung zu finden, die unter Anwendung der entsprechenden Rechtsnormen zur richtigen Erbfolge führt.

1.2. Erbstatut

An der Frage, wie zu verfahren ist, wenn zwei oder sogar mehrere Rechtsordnungen unterschiedliche Regelungen der internationalen Erbrechtsmaterie vorsehen (etwa: Wohnsitzprinzip „kollidiert" mit Belegenheitsprinzip[3]), sind Erben vielfach verzweifelt und haben internationalrechtliche Experten durch Gutachten gut verdient. Im Hinblick auf die Kosten sei schon hier auf § 13 a FGG[4] hingewiesen. Danach können deutsche Nachlaßgerichte anordnen, „daß die Kosten, die zur zweckentsprechenden Erledigung der Angelegenheit notwendig waren, von einem der Beteiligten ganz oder teilweise zu erstatten sind, wenn dies der Billigkeit entspricht". In schwieriger gelagerten Rechtsfällen gehören hierzu auch die Kosten für die Erstellung eines Rechtsgutachtens[5].

Zur Verzweiflung besteht in deutsch-spanischen Erbfällen im allgemeinen indes kein Anlaß. Sowohl der deutsche Gesetzgeber als auch der spanische bekennen sich - internationalrechtlich gesehen - zum Staatsangehörigkeitsprinzip. Dies gilt für bewegliches wie für unbewegliches Vermögen in gleichem Maße. Der häufige Fall, daß ein deutscher Staatsangehöriger in Spanien belegenes bewegliches oder unbewegliches Vermögen hinterläßt, ist deshalb nach deutschem Recht als dem Heimatrecht des Erblassers zu beurteilen. Mit anderen Worten: Es gilt deutsches Erbstatut. Ein „spanischer Erbfolgekrieg" wegen des Nachlasses eines deutschen Erblassers wird also nach deutschen Rechtsregeln ausgefochten.

Im Verhältnis Deutschland/Spanien taucht, auch was den Übergang des Eigentums an Nachlaßgegenständen auf den Erben anbetrifft, keine kollisi-

---

3 Zu diesen Prinzipien oben Kapitel 1.1., S. 1 f.
4 Gesetz über die Angelegenheiten der Freiwilligen Gerichtsbarkeit vom 17.5.1898 (RGBl. I, S. 189).
5 LG Bremen, Rpfleger 1965, 235. Die Erstattung von Kosten für Rechtsgutachten kann auch im Rahmen eines streitigen Prozesses angeordnet werden, §§ 91, 293 ZPO, OLG Karlsruhe, BB 1976, 334; s.a. OLG Köln, RIW 1988, 330.

onsrechtliche Schwierigkeit auf. Die Rechte beider Länder sehen die Gesamtrechtsnachfolge vor (§ 1922 BGB bzw. Art. 661 CC). Der Eigentumsübergang - ein sachenrechtlicher Vorgang - erfolgt damit in beiden Ländern auf die gleiche Weise.

Das Erbstatut regelt den erbrechtlichen Bereich in seiner ganzen Breite[6], also insbesondere folgende Fragen:
- Erbschaftsannahme, Ausschlagung und Erbverzicht,
- Auskunftsrecht gegen Erbschaftsbesitzer,
- Umfang des Nachlasses,
- Art des Erwerbs des Nachlasses,
- Haftung für Nachlaßverbindlichkeiten,
- Rechte und Pflichten der Miterben,
- Rechtsverhältnisse der Erbengemeinschaft,
- Pflichtteilsrecht,
- Testamentsvollstreckung,
- Schenkung von Todes wegen.

Es scheint, als seien bei deutsch-spanischen Erbfällen die international-rechtlichen Probleme wegen der übereinstimmenden Regelung des Erbstatuts (hier wie dort Maßgeblichkeit des Heimatrechts) nicht besonders schwierig. In manchen Fällen mag das durchaus zutreffen. In aller Regel jedoch wirft schon die Anwendbarkeit eines fremden Rechts im Inland Probleme für alle Beteiligten auf. Dies gilt selbst, wenn es sich in erster Linie um Anwälte, Notare oder Grundbuchbeamte handelt, die sich mit der Materie zu befassen haben. Dabei läßt sich freilich nicht sagen, spanische Juristen hätten keine Erfahrung oder Übung im Umgang mit anderen Rechten. Zum einen gelten die sogenannten Foralrechte einzelner spanischer Regionen und zum anderen natürlich der gemeinspanische Código Civil. Dabei gehen die regionalen Sonderrechte grundsätzlich vor.[7] Das Neben- und Miteinander verschiedener Rechte gehört in Spanien daher durchaus zur

---

[6] Vgl. *Kropholler* S. 381-384; *Kegel* § 21 II (S.762-765); s.a. *Lucht*, Rpfleger 1997, 138.

[7] Vgl. Art. 13 Nr. 2 CC (Text u.a. bei *Ferid/Firsching [Rau]*, S. 9 f., *Peuster*, ZGB, S. 36).

„täglichen Praxis"[8]. Gleichwohl, die Anwendbarkeit mehrerer Rechte kann zu nicht unerheblichen Problemen führen. Schwierig ist es insbesondere etwa, in Spanien einen Rechtsübergang herbeizuführen, wenn sich dieser nicht nach materiellem spanischen, sondern nach deutschem Erbrecht vollzieht. Denn auch dann dürfen die Grundsätze des spanischen Rechts nicht außer acht gelassen werden (Beachtung des „ordre public"[9]).

Welche Probleme trotz weitgehenden Einklangs der international-privatrechlichen Bestimmungen zweier Länder letztlich aber auftreten, zeigt sich erst im Einzelfall: also bei der Verwirklichung der vom Erblasser angeordneten oder vom Gesetzgeber für den konkreten Fall vorgesehenen Rechtsnachfolge in einem fremden Land.

Schließlich ist auch zu fragen, ob und wie - nach deutschem Recht durchaus zulässige - letztwillige Verfügungen, die dem (gemein-)spanischen Recht unbekannt oder zumindest in dieser Form nicht bekannt sind (wie etwa der „Erbvertrag"[10]), in spanische öffentliche Register eingetragen werden können.

1.3. Nachlaßgerichte

Sowohl deutsche als auch spanische Gerichte können befugt sein, über deutsch-spanische Nachlaßfragen zu befinden. Insoweit kann eine konkurrierende internationale Zuständigkeit gegeben sein[11]. Daher müßte das internationale Privatrecht beider Länder herangezogen und gewürdigt werden. Das leuchtet auch ein: Denn in praktischer Hinsicht würde es zu völlig falschen Ergebnissen führen, das internationale Privatrecht des Landes der belegenen Sache unberücksichtigt zu lassen, auch wenn nach dessen eigener Rechtsordnung allein das Recht des ausländischen Erblassers maßgeblich ist. Und die spanische Betrachtungsweise ist nach dem Prinzip der „faktischen Macht der größeren Nähe" von nicht zu unterschätzender Bedeutung: Schließlich sind es spanische Behörden und Gerichte, die im Zweifelsfall das letzte Wort über die Eintragung oder die Nichteintragung

---

[8] Dies gilt gerade auf dem Gebiet des Erbrechts, denn - so *Jayme* Informaciones 90, 58 zutreffend - „die größte Bedeutung der Foralrechte liegt im Bereich des Erbrechts."

[9] Dazu unten Kapitel 3.5., S. 21.

[10] Dazu unten Kapitel 12.2., S. 47.

[11] S.a. unten Kapitel 16.2, S 61.

eines Rechts haben. Man sollte sich immer der Beschränktheit der faktischen Reichweite inländischer staatlicher oder gerichtlicher Anordnungen bewußt sein, wenn es um deren Verwirklichung im Ausland geht. Die Zugehörigkeit Spaniens zur EU ändert hieran nichts. Vielmehr hat der EWG-Vertrag die Eigentumsordnung eines jeden Mitgliedslandes unverändert gelassen, in seinem Art. 222 ausdrücklich respekiert.

Schließlich ist die Rechtsverwirklichung vom Ausland her auf das Inland bezogen auch nicht gerade als einfach anzusehen. Fälle echter Rechtsverweigerung sind zwar selten geworden. Bisweilen kommen sie aber noch vor, wenn Gerichte und Behörden - geradezu „mit Scheuklappen" - allein nach dem Wortlaut der innerstaatlichen Normen vorgehen, ohne der internationalen Fallgestaltung und den ausländischen Rechtsnormen Rechnung zu tragen.

1.4. Internationale Abkommen

Bilaterale Abkommen[12] über deutsche Nachlässe in Spanien und spanische in Deutschland gab es bereits in der zweiten Hälfte des vergangenen Jahrhunderts: zunächst in Form der Konsularkonvention vom 22. Februar 1870 zwischen dem Norddeutschen Bunde und Spanien[13], dann übernommen vom 1871 entstandenen Deutschen Kaiserreich mit Abkommen vom 12. Januar 1872. [14] Der Vertrag gilt zwar auch im Verhältnis zwischen dem Königreich Spanien und der Bundesrepublik Deutschland weiter, ist in der Praxis indes weitgehend von der *Wiener Konsularkonvention* vom 24. April 1963 verdrängt worden.[15]

---

[12] Vgl. BGBl. 1997 II, Fundstellennachweis B - Völkerrechtliche Vereinbarungen (abgeschlossen am 31.12.1996), „Spanien", S. 135-137.

[13] BGBl. des Norddeutschen Bundes 1870 S. 99 (zit. nach BGBl. 1997 II, Fundstellennachweis B [wie Fn. 12], S. 135).

[14] GBl. 1872 S. 211 (zit. nach BGBl. 1997 II, Fundstellennachweis B [wie Fn. 12], S. 135).

[15] „*Wiener UN-Übereinkommen über konsularische Beziehungen*" vom 24.04.1963; BGBl. 1969 , S. 1587 (abgedruckt [auszugsweise] bei *Jayme/Hausmann* Nr. 69 [S. 194]; s.a. *Kegel* § 21 V 2 [S. 780 f.]).

Hervorzuheben ist daneben das *Deutsch-spanische Abkommen über die Anerkennung und Vollstreckung von gerichtlichen Entscheidungen und Vergleichen sowie vollstreckbaren Urkunden in Zivil- und Handelssachen* vom 14. November 1983 (auszugsweise abgedruckt unten *Anhang D 1 c*, S. 132)[16]. Dieses Abkommen bezieht sich auch auf gerichtliche Entscheidungen in deutsch-spanischen Nachlaßangelegenheiten.

In diesen Zusammenhang gehört auch das „*Europäische Gerichtsstands- und Vollstreckungsübereinkommen*" (EuGVÜ) von 1968.[17] Dieses ist zwar in der Fassung des Beitrittsübereinkommens von San Sebastián im Verhältnis Deutschland/Spanien seit Dezember 1995 in Kraft. Gemäß Art. 1 Abs. 2 Nr. 1 EuGVÜ ist das Abkommen jedoch nicht anzuwenden auf: „ .... die ehelichen Güterstände, das Gebiet des Erbrechts einschließlich des Testestamentsrechts". Im übrigen stellt das EuGVÜ in Art. 55, 56 über das „Verhältnis zu anderen Abkommen" ausdrücklich klar, daß bestimmte Abkommen und Verträge ihre Wirksamkeit behalten „für die Rechtsgebiete, auf die dieses Übereinkommen [EuGVÜ] nicht anzuwenden ist". Damit ist gerade der deutsch-spanische Vertrag von 1983 weiterhin u.a. auf dem Gebiete des Erbrechts und des Testamentsrechts in Kraft.

Von Bedeutung ist weiter das *Haager Testamentsformabkommen*[18] von 1961, das für die Bundesrepublik am 01.01.1966 in Kraft getreten ist[19]. Im Verhältnis zu Spanien gilt es seit dem 10.06.1988 [20].

Das *Doppelbesteuerungsabkommen* zwischen der Bundesrepublik und Spanien vom 5. Dezember 1966 ist auf erbrechtliche Fragen nicht anwendbar[21], hat also nicht die Vermeidung der Doppelbesteuerung auf dem Sektor der

---

16 BGBl. 1987 II, S. 35; abgedruckt u.a. bei *Jayme/Hausmann* Nr. 99 (S. 423-428).

17 „*Brüsseler EWG-Übereinkommen über die gerichtliche Zuständigkeit und die Vollstreckung gerichtlicher Entscheidungen in Zivil- und Handelssachen*" vom 27.09.1968; BGBl. 1972 II, S. 774 (abgedruckt u.a. bei *Jayme/Hausmann* Nr. 72 [S. 216-245]).

18 „*Haager Übereinkommen über das auf die Form letztwilliger Verfügungen anzuwendende Recht*" vom 05. Oktober 1961 (BGBl. 1965 II, S. 1145; Text u.a. - auszugsweise - bei *Jayme/Hausmann* Nr. 39 [S. 96-99]), dazu etwa *Kegel* § 21 III 2 a (S. 767-769) sowie § 21 V 3 a (S. 781); s.a.unten Kapitel 5.1., S. 25 f.

19 BGBl. 1966 II, S. 11.

20 BGBl. 1988 II, S. 971.

21 BGBl. 1982 II S. 129. S.a. *Brandt/Palanco Bührlen* S. 79 mit zutreffendem Hinweis.

Erbschaftsteuern zum Gegenstand. Dieses Abkommen kann daher für vorliegende Abhandlung außer Betracht bleiben.

Weiter ist für Spanien seit 1985 das *„Baseler Europäische Übereinkommen über die Errichtung einer Organisation zur Registrierung von Testamenten"* vom 16.05.1972 in Kraft. Deutschland indes hat das Abkommen bislang lediglich gezeichnet; in Kraft getreten ist es für die Bundesrepublik - mangels Ratifikation - noch nicht[22].

1.5. *Literatur*

Die deutsch-spanische Erbrechtsmaterie war - trotz einer angesichts der Konsularkonvention von 1870 bzw. 1872 gewissen „Tradition" auf diesem Rechtssektor - lange nur recht stiefmütterlich behandelt worden.
Im deutsch-sprachigen Schrifttum waren es zunächst 1955 *Brunner* und dann 1966 *Hierneis*, die tiefer in die spanische erbrechtliche Materie eingedrungen sind. *Brunner* hat insbesondere Institutionen und Inhalte des spanischen Erbrechts denen des deutschen gegenübergestellt und verglichen; *Hierneis* hat in seiner Monographie die einzelnen „besonderen Erbrechte der sogenannten Foralrechtsgebieten Spaniens" eingehend untersucht.
Geht es um spanisches Erbrecht, müssen auch die Namen „Ferid/Firsching" bzw. der des langjährigen Spanien-Bearbeiters *Rau* fallen (nunmehr *Ferid/Firsching/Lichtenberger*), seit Jahren ein fester Bestandteil in der deutsch-sprachigen auslandsrechtlichen Literatur. In ihrem Gesamtwerk „Internationales Erbrecht" finden sich insbesondere auch internationalprivatrechtliche Ausführungen, neben umfänglichem Abdruck des spanischen materiellen Erbrechts nach dem Código Civil wie auch der Foralgesetze (*„Compilaciones"*) - jeweils mit deutschen Übersetzungen.
Punktuelle Darstellungen, sowohl zum spanischen internationalen wie zum spanischen materiellen Erbrecht, finden sich in der Sammlung „Gutachten zum internationalen und ausländischen Privatrecht"[23] - einschließlich der deutschen Übersetzungen der entsprechenden erbrechtlichen Bestimmungen.

---

[22] Vgl. etwa *Jayme/Hausmann* S. 96 Fn. 3; zum Inhalt s. *Kegel*, § 21 V 3 c (S. 783 f.); dazu s. auch unten Kapitel 13.3., S. 51.
[23] IPG (herausgegeben von *Ferid/Kegel/Zweigert*), Jahrgangsbände seit 1965.

In den letzten Jahren ist einiges über spanisches Erbrecht hinzugekommen, manches tiefgehender, anderes eher überblicksartig. So sind zu nennen: *„Grundzüge des spanischen Ehe- und Erbrechts unter Berücksichtigung des internationalen Privatrechts im Verhältnis zur Bundesrepublik Deutschland"*[24]; und jüngst das *„Erbrechtsbrevier für Spanienfreunde"* [25].

Erbrechtliches - auch zum spanischen Erbschaftsteuerrecht - findet sich schließlich bei *Gantzer*, „Spanisches Immobilienrecht", wie auch in diversen Informationsblättern von Schutzvereinigungen für Auslandsimmobilien.[26]

---

[24] Von Cornelia *Rudolph*, MittRhNotK 1990, S. 93-107.

[25] Von Andreas Alfred *Brandt* und José Luis *Palanco Bührlen*, Hamburg 1997.

[26] Z.B. „Informationsblätter" der Deutschen Schutzvereinigung Auslandsimmobilien e.V. (DSA): Das spanische Erbschaft- und Schenkungsteuergesetz (1997, von Monika *Reckhorn-Hengemühle*).

2. Internationales und nationales Erbrecht

2.1. Internationales Erbrecht [27]

2.1.1. Deutsche Regelung

Das deutsche internationale Erbrecht ist in den Artikeln 25 und 26 EGBGB[28] geregelt. Nach Art. 25 EGBGB unterliegt die Rechtsnachfolge von Todes wegen „dem Recht des Staates, dem der Erblasser im Zeitpunkt seines Todes angehörte" (*Staatsangehörigkeitsprinzip*). Entscheidend ist also nicht etwa der letzte Wohnsitz oder Aufenthaltsort des - deutschen - Erblassers. Es kommt allein auf dessen Staatsangehörigkeit an. Gilt dies aber auch in Bezug auf das im Ausland befindliche Vermögen ? Wird dieses also - wie das inländische Vermögen - auch nach deutschem materiellem Erbrecht, nach deutschem Sachrecht, vererbt? Das deutsche Recht bejaht die Frage grundsätzlich; es geht vom Prinzip der *Nachlaßeinheit* aus. Ohne Bedeutung ist dabei auch, ob es sich um bewegliche oder unbewegliche Sachen handelt. Das deutsche Recht stellt bei deutschen Staatsangehörigen also allein auf die Staatsangehörigkeit ab, auf das Heimatrecht des Erblassers: Ein deutscher Staatsangehöriger wird nach deutschem Erbrecht beerbt; es gilt deutsches Erbstatut[29].

Gleichwohl hieße es in internationalen Erbfällen, „die Rechnung ohne den Wirt machen", ginge man allein von dem deutschen Erbstatut aus und ließe das Recht des Belegenheitsstaates außer acht. Dies zeigt das eindruckvolle Beispiel eines spanisch-französischen Erbfalles[30]: 1907 verstarb die spanische Königin María-Cristina und hinterließ u.a. in Frankreich belegenes

---

[27] Im Hinblick auf die Bestrebungen der Rechtsvereinheitlichung sei hier hingewiesen auf das - noch nicht in Kraft befindliche - *Haager Abkommen über das auf die Beerbung anwendbare Recht* vom 1.8.1989 (zum Inhalt s. *Kegel* § 21 V 3 e [S. 785 f.]; Text mit deutscher Übersetzung [von *Riering*] in: MittRhNotK 1997, 271-281).

[28] In der Fassung des IPR-Neuregelungsgesetzes vom 25. Juli 1986 (BGBl. I, S. 1142); dazu etwa *Siehr*, IPRax 1987, 4, und *Dörner*, DNotZ 1988, 67-109.

[29] Für vor dem 1. September 1986 (Inkrafttreten des IPR-Neuregelungsgesetzes) eingetretene Erbfälle ergibt sich nicht anderes: Auch das frühere IPR geht vom Staatsangehörigkeitsprinzip aus (vgl. Übergangsregel in Art. 220 Abs. 1 EGBGB).

[30] Beispiel nach *Kegel* § 21 I 1 (S. 760).

Vermögen. Die französischen Nachlaßrichter wandten - entsprechend ihrem (französischen) internationalen Erbrecht - auf den in Frankreich belegenen Nachlaß nicht etwa spanisches Recht, sondern französisches Recht an und kamen damit zu ganz anderen Ergebnissen als nach spanischem Recht.

2.1.2. Spanische Regelung

Die Regelung des spanischen internationalen Erbrechts findet sich in Art. 9 Ziff. 8 des spanischen Código Civil[31]:

> *„Die Erbfolge von Todes wegen richtet sich nach dem Heimatrecht des Erblassers im Augenblick seines Todes, welches auch immer die Natur seiner Güter oder das Land ist, in dem sie sich befinden. Jedoch behalten testamentarische Verfügungen und Erbschaftsvereinbarungen, die gemäß dem Heimatrecht des Erblassers oder Verfügenden im Augenblick ihrer Abfassung getroffen worden sind, selbst dann ihre Gültigkeit, wenn das Recht, das die Erbfolge regelt, ein anderes ist, wenn sich auch die Pflichtteile gegebenenfalls nach diesem letzten Recht beurteilen. "*[32]

Danach ist auf die Erbfolge das Heimatrecht des Erblassers im Zeitpunkt seines Todes anzuwenden. Wie das deutsche Recht geht damit das spanische internationale Erbrecht vom Staatsangehörigkeitsprinzip aus. Das Heimatrecht des Erblassers ist das grundsätzlich auf den Erbfall anwendbare Recht. Insbesondere sieht die Regelung des spanischen Código Civil eine Nachlaßspaltung nicht vor; es gilt - auch hier - das Prinzip der Nachlaßeinheit. Und eine weitere Parallele zum deutschen internationalen Erbrecht: Auch das spanische Recht unterscheidet bei internationalen Erbfällen nicht zwischen beweglichem und unbeweglichem Nachlaß.[33]

---

31 Código Civil vom 24.07.1889 (i.d.F. des Gesetzes 11/1981 vom 13.05.1981 [sowie späterer Änderungen]). Zum spanischen IPR (nach der Änderung der Verfassung sowie u.a. des Código Civil, von 1978) *von Hoffmann/Ortiz-Arce*, Das neue spanische IPR, RabelsZ 39 (1975), 671; s.a. *Cremades-Maceda*, RIW 1975, 375; *Rau*, IPRax 1986, 254.

32 Übersetzung nach *Peuster*, ZGB, S. 32.

33 Zum Grundsatz der *Nachlaßeinheit* im spanischen IPR *Gonzalez Campos* S. 243 f.

2.1.3. *Spanische Foralrechte*

Wie bereits angedeutet, gilt das gemeinspanische Recht des Código Civil nicht in allen Teilen Spaniens in gleichem Maße. In einigen Regionen beanspruchen besondere Rechte Geltung, die sogenannten Foralrechte. Diese haben grundsätzlich Vorrang vor dem Código Civil. Im einzelnen handelt es sich um folgende Gebiete (und Foralrechte):

> Alava,
> Aragón,
> Balearische Inseln,
> Biskaya,
> Galizien,
> Katalonien sowie
> Navarra.

In diesen Sonderrechten sind auch Bestimmungen über das Erbrecht enthalten[34]; für die Anwendung des Código Civil ist dann grundsätzlich kein Raum (vgl. Art. 13 Nr. 2 CC, subsidiäre Geltung des CC).

Die für den Ausländer wichtige Frage aber, welches (nationale) Recht nach dem spanischen internationalen Privatrecht anwendbar ist, also welche Kollisionsregeln etwa für einen deutsch-spanischen Erbfall gelten, beantwortet sich einheitlich nach den Bestimmungen des Código Civil. Dessen Einführungstitel gilt in ganz Spanien in gleichem Maße (Art. 13 Ziff. 1 CC)[35]. Die auf dem Gebiet des materiellen Erbrechts in Spanien nicht durchgängig erfolgte Rechtsvereinheitlichung wirkt sich insoweit nicht aus. Das bedeutet, daß bei Ausländernachlässen die Lage des ausländischen Eigentums - ob in einem foralrechtlichen Gebiet oder in einem „gemeinrechtlichen" Gebiet (unter Geltung des Código Civil) - für die Frage nach dem anwendbaren Recht ohne Bedeutung ist: Die Rechtsnachfolge von Todes wegen richtet

---

[34] Dazu ausführlich die Monographie von *Hierneis*; s.a. *Jayme*, Informaciones 90, 58 mit zutreffendem Hinweis, daß „die größte Bedeutung der Foralrechte im Bereich des Erbrechts [liegt]"; *Rudolph*, MittRhNotK 1990, 103-105 (im wesentlichen unter Verweis auf *Hierneis* aaO). Auflistung der Foralrechtsgebiete (nebst markierter Landkarte) auch bei *Ferid/Firsching,* Länderteil Spanien (Stand: Juli 1990, Bearbeiter: *Rau),* S. 3.

[35] Abgedruckt etwa bei *Ferid/Firsching*, Spanien, S. 9 f.

sich in jedem Falle gemäß Art. 9 Ziff. 8 des Código Civil nach dem Heimatrecht des Erblassers. Stirbt also ein deutscher Erblasser mit Eigentum sowohl im gemeinrechtlichen Marbella als auch mit solchem im foralrechtlichen Palma de Mallorca, so gilt für die Erbfolge einheitlich das deutsche Heimatrecht; Erbstatut ist deutsches Recht.

Die Foralrechte können aber - in einigen wenigen Fällen - auch für Ausländer von Bedeutung sein. Dies ist etwa der Fall bei doppelter Staatsangehörigkeit oder bei familienrechtlichen Beziehungen zu einem spanischen Staatsangehörigen, der zugleich aufgrund eines Foralrechts eine besondere Rechtsgebietszugehörigkeit („*vecindad*")[36] besitzt.

Die *deutsch-spanische Erbrechtssituation* stellt sich nach diesem Überblick wie folgt dar: Hier wie dort gilt das Staatsangehörigkeitsprinzip; Nachlaßspaltung findet nicht statt, gleichfalls keine rechtliche Trennung zwischen beweglichem und unbeweglichem Vermögen. Versterben also Deutsche oder Spanier im jeweils anderen Land und hinterlassen dort Vermögenswerte, ist dies ohne Bedeutung für die Beurteilung der erbrechtlichen Beziehungen. Im einen wie im anderen Fall richtet sich die Erbfolge umfassend nach dem Heimatrecht des jeweiligen Erblassers.

2.2. Nationales (materielles) Erbrecht

Auch wenn die IPR-Regeln zweier Staaten weitgehend harmonieren, weil jeweils die gleichen Grundprinzipien gelten, empfiehlt sich gleichwohl, auch das nicht als Erbstatut berufene innerstaatliche Sachrecht des zweiten Staates im Blick zu behalten. Denn trotz anerkannten ausländischen Erbstatuts vollzieht sich die Rechtsverwirklichung im einzelnen meist nach innerstaatlichen Regeln (etwa Geltendmachung von Erbschaftsansprüchen, Grundbuch- oder Registereintragung eines erworbenen Rechts). Wenn es also um die Verwirklichung des letzten Willens des Erblassers oder der innerstaatlichen gesetzlichen Erbfolge im Ausland geht, sollte man sich der Unter-

---

[36] Dazu Art. 14 Ziff. 2 f. CC (Ziff. 3 zum Erwerb der *Rechtsgebietszugehörigkeit*).

schiede beim Erbschaftserwerb nach deutschem und nach spanischem Recht bewußt sein.

2.2.1. Deutsche Regelung

Nach deutschem Recht geht „mit dem Tode einer Person (Erbfall) deren Vermögen (Erbschaft) als Ganzes auf eine oder mehrere Personen (Erben) über", § 1922 BGB. Der „Anfall" der Erbschaft (vgl. § 1942 BGB) vollzieht sich also von selbst; ein aktives Zutun des oder der Erben ist nicht erforderlich. Vielmehr wird man als Erbe automatisch *Gesamtrechtsnachfolger* des Erblassers mit allen hieraus resultierenden Rechten und Pflichten. Nur dann, wenn die Erbschaft nicht angenommen werden soll, muß der Erbe eine Erklärung abgeben: die Ausschlagungserklärung (§ 1945 BGB).

2.2.2. Spanische Regelung

Dagegen sieht das spanische Recht - der Tradition der romanischen Rechte folgend - einen anderen Mechanismus vor. Nach Art. 657 CC gehen die Rechte am Nachlaß des Erblassers zwar „im Augenblick seines Todes" über. Doch bedarf es, um Erbe zu werden, nach spanischem Recht einer ausdrücklichen Erbschaftsannahmeerklärung; die Annahme kann aber auch, durch entsprechende Handlungen bekundet, stillschweigend (konkludent) erfolgen (Art. 998 CC).[37] Dabei wird „die Wirkung der Annahme und Ausschlagung immer auf den Zeitpunkt des Todes des Erblassers zurückbezogen" (Art. 989 CC).

2.2.3. Zwischenergebnis

Um Erbe nach deutschem Recht zu werden, bedarf es eigenen Zutuns des Erben nicht. Hingegen muß der Erbe eines spanischen Erblassers - gemäß

---

[37] Beispiele für konkludente Annahme: Inbesitznahme von Erbschaftsgütern, Ausfahrt mit dem vom Erblasser gekauften Fahrzeug.

den Voraussetzungen des spanischen Rechts - die Erbschaftsannahme erklären. Die Frage, die sich hieraus ergibt, lautet: Wie weit reicht die Herrschaft des Erbstatuts ? Wo findet es seine Grenze nach den innerstaatlichen Gesetzen des Belegenheitsortes der Nachlaßgegenstände? Wo also ist die Nahtstelle zwischen deutschem Erb- und spanischem Sachenrechtsstatut?

3. Abgrenzungen und Überschneidungen beider Rechtssysteme

3.1. Probleme im Zusammenhang mit dem "Erbstatut" und der "Erbfolge"

Die zuletzt aufgeworfenen Fragen (oben Kapitel 2.2.3., S. 14 f.) lassen sich unterschiedlich beantworten. Der Dogmatiker, der nur das Sollen vor Augen hat und weniger nach dem Sein, der Realität, fragt, wird - auch - hinsichtlich des in Spanien befindlichen Nachlasses eines deutschen Staatsangehörigen auf das deutsche Erbstatut verweisen: Danach ist das deutsche Erwerbsprinzip maßgeblich; eine den spanischen Anforderungen entsprechende Erbschaftsannahmeerklärung ist nicht nötig, also entbehrlich. Der Praktiker dagegen wird fragen, wie sich der gewünschte Erfolg, etwa die Eigentumsumschreibung auf den Erben, am ehesten erreichen läßt. So kann sich herausstellen, daß spanische Notare, Grundbuch- /Registerbeamte und Nachlaßabteilungen von Banken ohne eine formelle Erbannahmeerklärung - wenn überhaupt - nicht unmittelbar die begehrten Verfügungen treffen, weil ihnen die deutsche Regelung schlicht nicht bekannt ist. Dann empfiehlt es sich natürlich, „nach den örtlichen Gepflogenheiten vorzugehen", also eine ausdrückliche Erklärung über die Annahme der Erbschaft vorzulegen. Man sollte sich in diesen Fragen anpassungsfähig zeigen und zu Kompromissen bereit sein, indem man die „ortsübliche Praxis" des Belegenheitsstaates befolgt. Für die weitgehende Anwendung des Rechts der Belegenheit der Sache im Zusammenhang mit der Übertragung und Eintragung von Rechten besteht im übrigen auch ein sachlicher Grund: Im Hinblick auf Publizität und Drittwirkung haben der Erwerb und die Übertragung von dinglichen Rechten grundsätzlich den innerstaatlichen Rechtsvorschriften zu entsprechen. Bevor also etwa zwischen Ausländern geschlossene (Immobilien-) Kaufverträge in das spanische Eigentumsregister (*„Registro de la Propiedad"*) eingetragen werden können, müssen die Voraussetzungen nach spanischem formellen und materiellen „Grundbuchrecht" (bzw. Registerrecht) erfüllt sein. Für die Praxis in Erbfällen wie der Eintragung von erbweise erworbenen Rechten gilt nichts anderes. Auch hier gilt: Einschlägige innerspanische Regeln sind zu beachten.

Eine andere Frage der Abgrenzung stellt sich in Bezug auf das deutsche Rechtsinstitut der Vor- und Nacherbschaft. Diese Einrichtung kennt das spanische Recht so nicht. Gleichwohl soll der Wille, den der deutsche Erblasser mit der Vor- und Nacherbeinsetzung zu erreichen dachte, ins spanische „Grundbuch" („Eigentumsregister") eingetragen werden. Als geeigneter Ausweg bietet sich an, die spanische Rechtsfigur der sogenannten *„sustitución fideicomisaria"* (s. Art. 781 CC) zu verwenden und eine entsprechende Eintragung zu veranlassen.

Angesichts dieser immer wieder auftauchenden, praktisch nur schwierig zu lösenden Probleme beim Erbgang, d.h. bei dem Vorgang zwischen Eintritt in die Erbenstellung und Ausschüttung des Nachlasses an die Berechtigten, wurde schon vor 20 Jahren vorgeschlagen, in der Zukunft in internationalen Erbfällen die Nachlaßabwicklung (Erbgang) von der Geltung des Erbstatuts auszunehmen und nach einem eigenen Recht zu behandeln.[38]

Das Erbstatut sollte entscheiden über:
- die Bezeichnung der aus erbrechtlichem Grund Berechtigten,
- ihre Reihenfolge und ihren Rang,
- ihren Anteil, ferner
- Begrenzungen der Testierfreiheit, insbesondere in Form des Pflichtteils- oder Pflichterbrechts, sowie
- die Anrechnungs- und Ausgleichspflichten.

Dagegen sollte das Recht der Belegenheit der Nachlaßgüter (lex rei sitae) über die Fragen entscheiden, die den Erbgang betreffen:
- der Erbschaftserwerb, insbesondere die Option des Erben,
- die Regelung des Verhältnisses der Miterben,
- die Auseinandersetzung sowie die Schuldenhaftung nach außen und die Tragung der Schuldenlast nach innen,
- die Testamentsvollstreckung.

---

[38] *Ferid,* FS Cohn, 31 f.; dessen Idee aufgreifend *Berendonk* S. 152 -176 („Spaltung des Erbstatuts in die Bereiche Nachlaßverteilung und Nachlaßabwicklung" [lex fori]).

In geltendes Recht umgesetzt wurde dieser Vorschlag bislang nicht[39]; vielmehr bestimmt über die genannten, dem Erbgang zugerechneten Vorgänge auch nach heutiger Anschauung das Erbstatut. In internationalen Erbfällen allerdings sollte man sich an diese Gedankengänge erinnern: In Spanien etwa sollte man nicht in jedem Falle unbedingt Gestaltungen des an sich anwendbaren deutschen Rechts durchzusetzen versuchen. Eher ist dann zu fragen, ob sich das Ziel nicht einfacher erreichen läßt, indem Fragen des Erbgangs auf die in Spanien übliche Verfahrensart gelöst werden.

3.2. *Verschiedene Rechte der Erbfolge und der Belegenheit*

Auch in anderer Hinsicht gibt es im Verhältnis Deutschland/Spanien trotz der übereinstimmenden Maßgeblichkeit des Heimatrechts als Erbstatut Gesetzeskollisionen. Denn in allen Belangen stimmen beide Rechtsordnungen natürlich nicht überein. Ordnet etwa ein deutscher Erblasser letztwillig die Eintragung einer Grundschuld an seinem spanischen Grundstück zugunsten eines Bedachten an, so ist diese Verfügung nach dem maßgeblichen deutschen Erbstatut durchaus zulässig. Das spanische Recht kennt diese Art des Grundpfandrechts indes nicht. Hier kommt es also zu einer „Kollision" von deutschem Erbrecht mit spanischem Sachenrecht. Dieser Zusammenstoß kann nur unter Beachtung der Rechtsordnung des Belegenheitsstaates („*lex rei sitae*") gelöst werden, also „Umdeutung" der gewählten Rechtsfigur des eigenen Rechts in ein dem (fremden) Belegenheitsrecht bekanntes Rechtsinstitut . So käme hier eine „Umdeutung" der Grundschuld in eine - dem spanischen Recht bekannte - Hypothek in Betracht.

So hat das Kammergericht in einem deutsch-spanischen Erbfall das spanische Recht der Belegenheit der Sache (lex rei sitae) als maßgeblich angesehen für die Frage, welche Gegenstände zum Nachlaß gehören (Umfang des Nachlasses)[40]. In dem zu entscheidenden Fall ging es um die Begründung von Treuhandeigentum an einer Eigentumswohnung in

---

[39] Mit überzeugender Kritik: statt vieler *Kegel* § 21 II, S. 765; zur Ablehnung der deutschen Lehre *Berendonk* S. 168; zustimmend noch *Jayme*, ZfRV 24 (1983), 168 f.

[40] KG, Urteil vom 24.06.1977 - 12 U 2349/75 - (unveröffentlicht).

Spanien. Das Kammergericht entschied - nach dem maßgeblichen spanischen Recht (lex rei sitae) -, daß die Voraussetzungen für den Erwerb von Treuhandeigentum nach gemeinspanischem Recht nicht gegeben waren.

3.3. Verschiedene Rechte der Erbfolge und des Güterstandes bei Eheleuten

Verstirbt ein Ehegatte, dessen Partner eine andere Staatsangehörigkeit hat oder früher hatte, ist zunächst festzustellen, ob sich die Erbfolge und die güterrechtlichen Ehewirkungen nach dem gleichen Recht beurteilen, ob also *Erb*statut und *Ehegüterrechts*statut übereinstimmen. Die Frage nach dem auf die güterrechtlichen Wirkungen anwendbaren Recht stellt sich dabei zwingend als Vorfrage: Nur so kann festgestellt werden, welche Vermögenswerte zum Nachlaß gehören. Die Regelung des deutschen internationalen Ehegüterrechts findet sich in Art. 15 i.V.m. Art. 14 EGBGB.[41]

> *Beispiel:*
> *Ein mit einer Niederländerin verheirateter Deutscher, der auf Mallorca geheiratet und dort auch seinen ständigen Wohnsitz hatte, verstirbt.*
> Erb- *und* Güterrechts*statut fallen dann wie folgt auseinander: Die* Erbfolge *richtet sich nach dem Heimatrecht des Erblassers; es gilt also deutsches Recht. Für das* Güterrecht *gilt nach deutschem IPR (Art. 14, 15 EGBGB) dagegen spanisches Recht, und zwar hier speziell das besondere Foralrecht von Mallorca. Es ist zunächst also zu prüfen, welchen Güterstand das Sonderrecht von Mallorca für die deutsch-niederländischen Eheleute vorsieht. Erst dann kann die Hauptfrage, nämlich wie der Nachlaß auseinander zu setzen ist, beantwortet werden. Hier können Probleme der Angleichung verschiedener, nicht aufeinander zugeschnittener Rechtsordnungen auftreten.*

---

[41] Wortlaut unten Anhang *D 2 b*, S. 134 f.

3.4. Bedeutung des Erbstatuts des Erben für seine Erbfähigkeit

Was ein Erbfall ist, bestimmt sich nach dem Erbstatut. Dieses besagt auch, ob dem Ehegatten, einem nichtehelichen oder einem adoptierten Kind ein Erbrecht zusteht.[42] Wonach aber beantwortet sich die Frage, ob der Erbe tatsächlich erbberechtigt, überhaupt erbfähig ist? Die Bedeutung dieses Problems zeigt sich in einem Fall, in dem beispielsweise der Erblasser Deutscher, der Erbe indes Spanier ist. Beurteilt sich die allgemeine Rechtsfähigkeit, die wiederum Voraussetzung der Erbfähigkeit ist, dann nach spanischem oder deutschem Recht?

Wie sich die Lösung dieses Problems auswirken kann, verdeutlicht folgender Fall:

> *Ein deutscher Erblasser, in nichtehelicher Lebensgemeinschaft mit einer Spanierin verbunden, verunglückt vor der Geburt des von ihm gezeugten Kindes tödlich. Zu Lebzeiten hatte er bereits das gezeugte, aber noch ungeborene Kind zu seinem Alleinerben eingesetzt. Das Kind wird geboren, verstirbt aber noch am Tag der Geburt, genau nach 18 Stunden.*
>
> *Die Mutter des Kindes als dessen Erbin wie auch die Verwandten des verstorbenen Mannes streiten sich um den Nachlaß des deutschen Erblassers.*

Die Frage, wer Erbe geworden ist, muß hier dahin präzisiert werden, wer überhaupt Erbe werden *konnte* im Sinne von Erbfähigkeit. Hierfür ist nicht das Erbstatut - hier wegen der (deutschen) Staatsangehörigkeit des Erblassers ohne Zweifel deutsches Recht - maßgeblich. Dies bestimmt sich vielmehr nach dem Personalstatut des testamentarisch zum Alleinerben eingesetzten Kindes.

Als nichteheliches Kind einer Spanierin ist das Kind spanischer Staatsangehöriger. Personalstatut ist damit spanisches Recht (Heimatrecht). Danach erwirbt ein Neugeborenes die Rechtsfähigkeit aber nur, wenn es mindestens 24 Stunden nach der Geburt gelebt hat (Art. 30 CC). Nur wer nach seinem Heimatrecht rechtsfähig ist, kann auch erbfähig sein und damit die Erbschaft

---

[42] Zum weiten Umfang des Erbstatuts oben Kapitel 1.2., S. 3 f.

antreten. In obigem Beispielsfall hat nach dem maßgeblichen spanischen Recht als dem Heimatrecht des Kindes (Personalstatut) dieses die Rechtsfähigkeit nicht erlangt. Daher kann auch die Mutter als dessen mögliche gesetzliche Erbin nicht erbberechtigt nach dem verstorbenen deutschen Erblasser sein.

Nach deutschem Recht kann grundsätzlich auch nur Erbe werden, wer zur Zeit des Erbfalles lebt. Wer zu diesem Zeitpunkt bereits erzeugt, aber noch nicht geboren war, gilt gemäß § 1923 BGB als vor dem Erbfall geboren. Eine 24-Stunden-Regelung wie im spanischen Recht (Art. 30 CC) kennt das deutsche Recht nicht. Im Fall wäre bei deutscher Staatsangehörigkeit des Kindes die Mutter also (Mit-) Erbin geworden.

Das spanische Recht nimmt hier also gegenüber dem deutschen Recht eine Sonderstellung ein.

3.5.   *ordre public und Erbrecht*

Der *ordre public* ist eine Art „Notbremse" gegenüber ausländischen Rechtssätzen, die an sich nach dem eigenen Recht (etwa Erbfolge nach einem ausländischen Staatsangehörigen in Deutschland) im Inland zur Anwendung   gelangen müßten. Der deutsche *ordre public* ist in Art. 6 EGBGB, der spanische (*„orden público"*) in Art. 12 Ziff. 3 CC definiert:

Art. 6 EGBGB:

„Eine Rechtsnorm eines anderen Staates ist nicht anzuwenden, wenn ihre Anwendung zu einem Ergebnis führt, das mit wesentlichen Grundsätzen des deutschen Rechts offensichtlich unvereinbar ist. Sie ist insbesondere nicht anzuwenden, wenn die Anwendung mit den Grundrechten unvereinbar ist."

Art. 12 Ziff. 3 CC:

„In keinem Falle findet ein ausländisches Recht Anwendung, wenn es im Widerspruch zur öffentlichen Ordnung steht."[43]

---

[43] Deutscher Text etwa bei *Peuster*, ZGB, 35.

Der Begriff „Öffentliche Ordnung" (*ordre public*) ist nicht genau zu fassen[44]; er ist auslegbar. Dabei stimmt man internationalrechtlich überein, den *ordre public* restriktiv anzuwenden. Doch kommt dem deutschen *ordre public* im Bereich des Erbrechts ohnehin keine große Bedeutung zu.[45] Im Zuge der allgemeinen Angleichung der sozialen Rechtsordnung beider Länder haben sich auch die Grundprinzipien in der Werteordnung einander weitgehend angenähert. In der Vergangenheit, in der Franco-Ära, gehörte zum spanischen *ordre public* etwa noch das Prinzip der Unauflöslichkeit des Ehebandes. In Deutschland geschlossene Spanier-Ehen wurden in Spanien nicht anerkannt (*hinkende Ehen)[46]*. Erbfälle mit Bezug zu solchen Ehen konnten in Spanien dann zur Anwendbarkeit des *ordre public* führen. Aus heutiger Sicht aber ist der *ordre public* im Erbrecht praktisch nur noch von kaum wahrnehmbarer Größe.

---

[44] Vgl. etwa die Negativumschreibungen in Art. 6 EGBGB und Art. 12 CC.
[45] So schon *Brunner* (1955).
[46] Dazu *Kegel* § 20 IV 1 b bb (S. 596 f.).

4.   Gesetzliche Erbfolge

Stirbt jemand, ohne ein Testament oder eine andere letztwillige Verfügung zu hinterlassen, so tritt die gesetzliche Erbfolge ein: Er wird von seinen gesetzlichen Erben beerbt. Dies gilt - wie in den meisten Rechtsordnungen - in Deutschland und auch in Spanien.

4.1.   Deutsche Regelung

Wie bereits oben (Kapitel 2.1.1., S. 10) ausgeführt, richtet sich die Erbfolge nach einem deutschen Staatsangehörigen nach deutschem Recht, konkret: hier nach den Regeln des BGB über die gesetzliche Erbfolge. Gesetzliche Erben des Verstorbenen sind regelmäßig dessen Abkömmlinge und sein Ehegatte. Die Erbfolge der - weiteren - Verwandten ist nach sog. Ordnungen geregelt - abgestuft nach Verwandtschaftsgrad zwischen Erblasser und Erben:[47] Erben erster Ordnung sind die Kinder des Erblassers, hilfsweise deren Abkömmlinge. Gesetzliche Erben zweiter Ordnung sind die Eltern bzw. deren Abkömmlinge (also Geschwister des Erblassers).[48] Das gesetzliche Erbrecht des nichtehelichen Kindes ist eigens geregelt (vgl. § 1934a BGB).[49]

Die Höhe des gesetzlichen Erbteils (Erbquote) richtet sich nach der Zahl der gesetzlichen Erben; dabei steht der Nachlaß den Erben grundsätzlich zu gleichen Teilen zu. Das gesetzliche Erbrecht des Ehegatten berechnet sich nach einer Sonderregel (§ 1931 BGB): Neben Erben der ersten Ordnung, also den Kindern, ist der Ehegatte zu einem Viertel, neben Verwandten der zweiten Ordnung oder neben Großeltern zur Hälfte der Erbschaft als gesetzlicher Erbe berufen (Abs. 1). Sofern weder Verwandte der ersten beiden Ordnungen noch Großeltern vorhanden sind, erhält der überlebende Ehegatte die ganze Erbschaft (Abs. 2). Zudem erhöht sich der gesetzliche Erbteil des überlebenden Ehegatten unter dem Gesichtspunkt des Zugewinnaus-

---

[47] Die niedrigere Ordnung geht der höheren vor, vgl. § 1930 BGB.

[48] Vgl. §§ 1924, 1925 BGB. Zur dritten und vierten Ordnung s.§§ 1926, 1928 BGB; letzter gesetzlicher Erbe ist schließlich der Fiskus (§ 1936 BGB).

[49] Dies betrifft das Verhältnis zum Vater; im Verhältnis zur Mutter gilt § 1924 (Abkömmling) - insoweit ergibt sich kein Unterschied zu den ehelichen Kindern (dazu etwa *Leipold*, Rn. 65 i.V.m. Rn.150).

gleichs um ein Viertel (§ 1371 BGB), falls die Eheleute im gesetzlichen Güterstand der Gütergemeinschaft lebten. Haben sie dagegen in Gütertrennung gelebt und sind als gesetzliche Erben neben dem überlebenden Ehegatten ein oder zwei Kinder des Erblassers berufen, so erben Ehegatte und jedes Kind zu gleichen Teilen. Bei mehr als zwei Kindern erbt der überlebende Ehegatte ein Viertel und die Kinder erben den Rest.

4.2. Spanische Regelung

Anders als nach deutschen Recht, welches vom Regelfall der gesetzlichen Erbfolge ausgeht, finden sich im Código Civil zunächst die Bestimmungen über die gewillkürte Erbfolge. Damit ist eindeutig dem testamentarisch geäußerten Willen des Erblassers (Art. 658 CC) der Vorrang eingeräumt.

Bei der spanischen Regelung über die gesetzliche Erbfolge verdient insbesondere die Stellung der Abkömmlinge und die des Ehegatten Beachtung. Die Abkömmlinge sind *gesetzliche Noterben*[50]; als solche können sie grundsätzlich nicht enterbt werden - damit im Gegensatz zum deutschen Recht. Der überlebende Ehegatte hat zwar eine Erbenstellung. Bei Vorhandensein von Abkömmlingen und Vor-Eltern des Erblassers wird er aber nur Nießbraucher (Art. 806 ff. CC).

Diese Regelung kann sich in einer deutsch-spanischen Ehe wie folgt auswirken: Der überlebende deutsche Ehegatte wird aufgrund der Geltung spanischen Erbstatuts (Heimatrecht des verstorbenen spanischen Ehepartners) bei Zusammentreffen mit Abkömmlingen nicht Erbe (wie nach deutschem Recht); vielmehr erwirbt er nur ein Nießbrauchsrecht an einem Bruchteil des Nachlaßvermögens. Der spanische Ehegatte dagegen würde - aufgrund deutschen Erbstatuts - hälftiger (Mit-) Erbe neben den Abkömmlingen.

Zumindest bei Anwendbarkeit des gemeinspanischen Código Civil ergibt sich diese nicht unerhebliche Benachteiligung des überlebenden deutschen Ehegatten gegenüber - im umgekehrten Fall - seinem spanischen Partner. Die Foralrechte allerdings sehen insoweit jeweils andere Regelungen vor.[51]

---

[50] „*Heredero forzoso*" - eigentlich „Zwangserbe"; s.a. Überblick bei *Adomeit/Frühbeck* S. 61.

[51] Vgl. *Hierneis*, z.B. für Katalonien S. 311 f., Baskenland S. 342 f.; Texte bei *Ferid/ Firsching (Rau)*, Spanien, S. 320 ff. (Katalonien) bzw. S. 193 (Baskenland, s. Art. 31 der Compilación [S. 201]: gesetzliches *Erb*recht des Ehegatten). .

5. Form und Inhalt letztwilliger Verfügungen

5.1. Allgemeines

Im folgenden geht es um Testamente, Erbverträge sowie Schenkungen von Todes wegen - über im Inland *und* im Geltungsbereich einer anderen Rechtsordnung befindliche Güter. Wie soll man sich dann als Testator verhalten, um so zu verfügen, daß einmal den möglicherweise unterschiedlichen Formanforderungen Genüge getan, gleichzeitig aber auch erreicht wird, daß der Bedachte so schnell und „reibungslos" wie möglich in die Rechtsstellung als Erbe eintreten kann?

Früher war in internationalen Erbfällen, wenn Nachlaßvermögen in mehreren Ländern vorhanden war, die Frage nach allseitiger Rechtsgültigkeit der gewählten Testamentsform außerordentlich wichtig. Heute ist sie von weit weniger Bedeutung - zum einen dank internationaler Abkommen, insbesondere dem *Haager Testamentsformabkommen* vom 5. Oktober 1961, dem sowohl Deutschland[52] als auch Spanien angehören[53], zum anderen auf Grund der jeweiligen IPR-Regelungen (Art. 26 EGBGB bzw. Art. 11 Ziff. 1 CC).

Zunächst trägt das Haager Abkommen von 1961 den besonderen Bedürfnissen des internationalen Rechtsverkehrs in Erbsachen dadurch Rechnung, daß dem Erblasser hinsichtlich der Formerfordernisse des Testaments mehrere Möglichkeiten vorgegeben sind: Grundsätzlich ist ein Testament in seiner Form immer dann als gültig anzusehen, wenn es nach den Regeln des Heimatrechts des Verfügenden oder gemäß der Bestimmungen des Errichtungsorts oder, bei unbeweglichen Sachen, nach den Formvorschriften des Belegenheitsorts errichtet worden ist. Im einzelnen enthält Artikel 1 Absatz 1 des Haager Testamentsformabkommens folgende Alternativen (wie auch

---

[52] Oben Kapitel 1.4., S.6 f.; Text (Auszug) bei *Jayme/Hausmann*, Nr. 32 (S.96-99).
[53] B.O.E. vom 17.08.1988, BGBl. 1988 II, S. 971.

Art. 26 EGBGB, in den diese Regel des Haager Abkommens „inkor-
poriert"[54] ist):

> *„Eine letztwillige Verfügung ist hinsichtlich ihrer Form gültig, wenn*
> *diese dem innerstatlichen Recht entspricht:*
>> *a) des Ortes, an dem der Erblasser letztwillig verfügt hat, oder*
>> *b) eines Staates, dessen Staatsangehörigkeit der Erblasser im*
>> *Zeitpunkt, in dem er letztwillig verfügt oder im Zeitpunkt seines*
>> *Todes besessen hat, oder*
>> *c) eines Ortes, an dem der Erblasser im Zeitpinkt, in dem er*
>> *letztwillig verfügt hat oder im Zeitpunkt seines Todes seinen*
>> *gewöhnlichen Aufenthalt gehabt hat, oder,*
>> *d) soweit es sich um unbewegliches Vermögen handelt, des*
>> *Ortes, an dem sich dieses befindet. "*

Für die hier interessierende deutsch-spanische Erbszene bedeutet dies, daß
ein unter Beachtung der deutschen *oder* der spanischen Formvorschriften
errichtetes Testament grundsätzlich in beiden Ländern als gültig anerkannt
werden muß. Es müssen insbesondere also nicht zwei Testamente errichtet
werden - ein jedes bezogen nur auf das Nachlaßvermögen in *einem* der
beiden Länder. Dieses Vorgehen ist im Rahmen der Testierfreiheit zwar
grundsätzlich zulässig, jedoch nicht ungefährlich. Das zweite, zeitlich
spätere Testament könnte in Bezug auf das frühere wie ein Widerruf wirken
(§ 2258 BGB).

Auch aus anderen Gründen können solche letztwillige Verfügungen, die
gegenständlich auf die Nachlaßgüter in nur einem Land beschränkt sind,
Probleme aufwerfen. Wenn etwa - wie im Verhältnis Deutschland/Spanien -
nur ein Erbstatut, nämlich Geltung des Heimatrechts des Erblassers (keine
Nachlaßspaltung), herrscht, und in dem einen Testament gegenüber dem
anderen Abweichungen bei der Erbeinsetzung bestehen. Dies sei anhand
folgender ähnlicher Fallgestaltung illustriert:

---

[54] Nach *Kegel* § 21 III 2 a (S. 768) überführt Art. 26 I-III EGBGB „den wesentlichen
Inhalt des Haager Testamentsform-Abkommens ins deutsche IPR".

Ein in Spanien belegener Bungalow wird mittels eines Vermächtnisses letztwillig übertragen. Der Bungalow macht den wesentlichen Teil des Nachlaßvermögens aus. Über den restlichen, in Deutschland befindlichen Teil des Vermögens findet eine Erbeinsetzung in Form eines Testaments statt.

Im Hinblick auf die deutlich unterschiedlichen Vermögenswerte ist hier in der Vermächtniszuwendung eine Erbeinsetzung mit Teilungsanordnung zu sehen. Dabei werden die Werte der jeweils gegenständlich auf Deutschland bzw. auf Spanien beschränkten letztwilligen Verfügungen addiert; auf der so ermittelten Wertbasis nimmt man sodann eine Erbteilsquotelung vor.

In Zweifelsfragen gilt auch hier: *„Internationale Rechtsverhältnisse müssen auch international rechtsbeständig sein."* Momentane Vorteile können sich langfristig als eher nachteilig erweisen. Gerade in Nachlaßsachen aber heißt es, langfristig zu denken: Saubere, beständige Lösungen müssen das Ziel sein.

Als Testator sollte man sich daher stets bewußt machen, daß die Konstellation im Zeitpunkt der letztwilligen Verfügung - aufgrund der Wechselfälle des Lebens - nur selten noch diejenige im Augenblick des Erbfalles ist. Vorzeitige Übertragungen zu Lebzeiten, um den Erben die Erbschaftssteuern zu ersparen, können sich für den Erblasser , wenn sich „das Blatt wendet", ebenso verhängnisvoll auswirken wie Testamente, die einer momentanen Stimmung Rechnung tragen.

Testamentarisch können insbesondere Erbeinsetzungen angeordnet werden sowie Vermächtniszuwendungen[55], die Bestellung von Testamentsvollstreckern und die Bestimmung über die Teilung des Nachlasses. *Erbeinsetzung* liegt vor, wenn mit dem Tode des Erblassers der Nachlaß oder ein Bruchteil davon, als Ganzes auf den oder die Bedachten (Alleinerben oder Miterben) übergehen soll. Ist eine Erbeinsetzuung gewollt, muß dies im Testament klar zum Ausdruck kommen.

---

[55] Dazu nachfolgend Kapitel 6, S. 30.

Demgegenüber liegt ein *Vermächtnis* vor, wenn der Erblasser einem anderen einen Vermögensvorteil zuwendet, ohne ihn als Erben einzusetzen. Der Bedachte wird dann nicht unmittelbar mit dem Erbfall Eigentümer der ihm vermachten Sache; als Vermächtnisnehmer hat er einen schuldrechtlichen Anspruch auf Übereignung gegen den oder die Erben.

5.2. Befugnis des Erblassers, die Anwendung deutschen Rechts auszuschließen?

In internationalen Rechtsfällen stellt sich immer die Frage, ob man durch die Wahl eines bestimmten Rechts bestimmte Formerfordernisse oder Rechtsfolgen des eigenen Rechts „vermeiden" kann. So wird sich auch der Testator fragen, ob er nicht die Rechtsordnung bestimmen kann, nach der sich sein Nachlaß richten und nach der dieser abgewickelt werden soll. Auch bei der erbweisen Übertragung von Vermögen geht es um ähnliche Gedanken wie sie insbesondere die Reeder anstellen, die gerne Steuerbehörden, Sozialversicherungen und Gewerkschaften „ein Schnippchen schlagen" - durch einen Wechsel ihres Schiffes unter eine „billige Flagge"[56]. Solche nicht gerade christliche Methoden der sich so nennenden Seefahrt wie der Flaggenwechsel werden im internationalen Erbrecht nicht anerkannt. Es sei denn, es findet ein echter *Staatsangehörigkeitswechsel* statt. Ein solcher dürfte den meisten Erblassern allerdings zu aufwendig erscheinen, um den meist dahinterstehenden Wunsch, lästige Pflichtteilsberechtigte durch Wahl eines günstigeren Erbstatuts um ihren Pflichtteil zu bringen, zu verwirklichen.

Gerade im Hinblick auf diesen letzten Aspekt einer etwaigen „Rechtswahl", käme der deutsche Testator eher vom Regen in die Traufe, wählte er spanisches (Erb-)Recht. Denn der „Pflichtteil" des spanischen Erbrechts[57] ist ein echtes Not-*Erb*recht einzelner Personen in bezug auf einen bestimmten Teil der Erbschaft. Der Pflichtteilsanspruch des deutschen Rechts ist dagegen ein schwächer ausgebildeter, schuldrechtlicher Anspruch gegen den Nachlaß (vermittelt insbesondere keine Erbenstellung).[58]

---

[56] Zur Problematik der „Billigflagge" etwa *Kegel* § 17 V 2 b (S. 456) m.w.N.
[57] Dazu unten Kapitel 21.2., S. 83.
[58] Unten Kapitel 21.1., S. 83.

Das deutsche Recht gibt hier - Rechtswahl zulässig oder nicht - eine eindeutige Antwort. Nach Art. 25 EGBGB ist das Erbstatut nicht vom Erblasser bestimmbar. Sofern aber von spanischen Notaren prokollierte letztwillige Verfügungen eine Rechtswahl beinhalten, ist darauf hinzuweisen, daß diese Rechtswahl nach deutschem Erbrecht, das für die Erbfolge nach einem deutschen Erblasser zwingend gilt, unzulässig ist. Testamente können daher anfechtbar oder gar nichtig sein, wenn sie die Regelung enthalten, daß die Vererbung des (überwiegend in Spanien belegenen) Vermögens des deutschen Erblassers auf Grund seiner letztwilligen Verfügung nach den Vorschriften des spanischen Rechts vorgenommen werden soll. Gerade in Testamentssachen ist äußerste Vorsicht geboten, weil im Falle eines Konfliktes der Erblasser selbst nicht mehr gehört werden kann, die Dinge also möglicherweise einen anderen Lauf nehmen können, der vom Erblasser absolut nicht gewollt ist.

An dieser Stelle darf schließlich noch darauf hingewiesen werden, daß nach deutschem IPR (Art. 25 Abs. 2 EGBGB) ein ausländischer Erblasser mit Grundvermögen in der Bundesrepublik Deutschland für dieses ausdrücklich deutsches Erbrecht als Erbstatut wählen darf.

6.   Erbeinsetzung und Vermächtnis

Im Rahmen der *gewillkürten* Erbfolge hat der Erblasser folgende
Gestaltungsmöglichkeiten, über sein Vermögen letztwillig zu verfügen:
- Erbeinsetzung (dabei Erbeinsetzung in Verbindung mit einer Tei-
lungsanordnung) sowie
- Vermächtnis bzw. Vorausvermächtnis.

6.1.   Erbeinsetzung

Der Erblasser kann seinen Erben durch *Testament, gemeinschaftliches
Testament* oder durch *Erbvertrag* bestimmen. An die gesetzliche Erbfolge
ist er dabei nicht gebunden. Der oder die Erben sind Gesamtrechtsnachfolger des Erblassers (§ 1922 Abs. 1 BGB; Art. 657 CC). Durch Erbeinsetzung
wird das Vermögen des Erblassers als Ganzes übertragen - auf den oder die
Erben gemeinsam (die den Nachlaß entsprechend ihrer Erbquoten zu teilen
haben).
Mittels *Erbeinsetzung mit Teilungsanordnung* (§ 2048 BGB) kann der Erblasser bereits eine gegenständliche Verteilung des Nachlasses im Rahmen
der gegebenen Erbquoten bestimmen. So kann er anordnen, welcher Erbe
einzelne Vermögensgegenstände erhalten soll: etwa daß dem Sohn im Rahmen seines Erbteils die in Deutschland belegene Eigentumswohnung
zugewendet wird, der Tochter dagegen der an Spaniens Küste belegene
Bungalow zukommen soll. So kann Streit unter den Erben vermieden
werden, was Zweck der Teilungsanordnung ist.[59]

6.2.   Vermächtnis

Neben der Erbeinsetzung hat der Erblasser die Möglichkeit, einem anderen
per Testament einzelne Gegenstände „zu vermachen" (*Vermächtnis* [60], §

---

[59] Grundsätzlich ist die Teilungsanordnung verbindlich; s. aber § 2048 S. 3   BGB.
[60] § 1939 BGB bzw. Art. 881 CC.

1939 BGB). Auf diese Weise erhält der Vermächtnisnehmer einen bestimmten Vermögensvorteil (Geldbetrag, Wertgegenstand oder auch Erlaß einer Schuld)[61], auch wenn er nicht zugleich Erbenstellung besitzt. Zudem kann der Erblasser im Rahmen eines sogenannten *Vorausvermächtnisses* (§ 2150 BGB) einzelne Gegenstände dem einen oder anderen Erben zuwenden. Der Erblasser kann so etwa regeln, daß ein bestimmter Erbe (bzw. Vorerbe oder Miterbe) einen bestimmten Gegenstand, z.B. den bereits erwähnten Bungalow in Spanien, im Rahmen eines Vorausvermächtnisses erhält.[62]

6.3. Praktische Überlegungen

Um späteren Streitigkeiten unter den Beteiligten vorzubeugen, sollte der Erblasser seine letztwilligen Anordnungen exakt ausdrücken; für Zweifelsfragen heißt das auch, einen Anwalt oder Notar zu konsultieren.[63] Auch wenn dessen Beratungs- und/oder Protokollierungskosten, gerade wenn ein Grundstück in den Nachlaß fällt, oft wegen ihrer Höhe zunächst „sehr schmerzen", sind sie doch meist gering im Verhältnis zu den Kosten, Risiken und jahrelangen Mühen, die ein Rechtsstreit unter Erben, Vermächtnisnehmern oder Pflichtteilsberechtigten verursachen kann.

Geraten wird auch, ein Testament von einem spanischen Notar beurkunden zu lassen. In einfach gelagerten Fällen ist dies akzeptabel und in der Tat empfehlenswert. Zu bedenken ist jedoch, daß bei einem deutschen Staatsangehörigen stets deutsches materielles Erbrecht zur Anwendung kommt[64], dessen zum Teil zwingende Bestimmungen nicht jeder spanische Notar kennt. Insbesondere, wenn es im spanischen Recht keine Entsprechungen gibt. Erwähnenswert ist insoweit etwa die Bindungswirkung des gemeinschaftlichen Testaments[65], welche den überlebenden Ehegatten trifft.

---

61 Vgl. statt vieler *Palandt/Edenhofer*, § 1939 Rz. 3.

62 Die Besonderheit des Vorausvermächtnisses besteht darin, daß dieses nicht auf den Erbteil des bedachten (Mit- oder Vor-)Erben angerechnet wird; er erhält es "im voraus" - vor der Teilung des Nachlasses (s. nur *Palandt/Edenhofer*, § 2150 Rz 1).

63 S.a. *Lucht*, Rpfleger 1997, 141 mit allgemeinem Fragenkatalog zu „Verfügungen von Todes wegen bei Auslandsberührung".

64 S. oben Kapitel 2.1.1., S. 10 f.

65 S. unten Kapitel 10, S. 41 f.

Auch für Erbverträge[66] gilt dies; deren Inhalt darf der überlebende Ehegatte nach dem Tode des anderen Teils nicht übergehen. Dem (gemein-)spanischen Recht und damit gewöhnlich auch dem spanischen Juristen sind diese Besonderheiten letztwilliger Verfügungen aber fremd.

---

[66] S. unten Kapitel 12., S. 46 f.

7. Sprache des Testaments

Die Sprache ist ein Mittel, anderen seinen *Willen* mitzuteilen. Geht es um den *letzten Willen*, so nennt man die derartige Willensäußerung *Testament.*

Soll man als Erblasser - wenn man im Ausland lebt oder dort Vermögenswerte besitzt - sein Testament nun in der entsprechenden Landessprache errichten, um einen Rechtsübergang auf den oder die Bedachten zu erleichtern, oder kann man hierzu ruhig bei seiner Muttersprache bleiben?

Die erste Antwort auf die Frage fällt nicht schwer: Beides ist grundsätzlich möglich und zulässig. So hebt das deutsche Recht in § 32 Beurkundungsgesetz ausdrücklich hervor, daß *Erblasser letztwillige Verfügungen auch in einer anderen als ihrer Muttersprache errichten können* .

Nach spanischem Recht gilt dies ebenfalls. In Art. 150 der span. Notarordnung ist die Möglichkeit vorgesehen, ein öffentliches Testament zu errichten, in dem die Erklärung des letzten Willens zweisprachig in zwei nebeneinanderstehenden Kolumnen erfolgt. Überdies bestimmt Art. 688 Abs. 4 CC, daß sich Ausländer bei Abfassung eines eigenhändigen Testaments ihrer Muttersprache bedienen dürfen.[67]

Für deutsche Staatsangehörige empfiehlt sich in der Regel, in ihrer Muttersprache zu testieren. So werden Mißverständnisse eher ausgeschlossen. Zudem sind Erbscheine deutscher Nachlaßgerichte auf diese Weise leichter zu erlangen[68]. Wird dagegen zunächst in spanischer Sprache testiert und diese Verfügung zwecks Ausstellung eines deutschen Erbscheins in die deutsche Sprache zurückübersetzt, besteht die Gefahr, daß der letzte Wille des Erblassers verfälscht wird.

---

[67] *O'Callaghan Muñoz* S. 166 weist darauf hin, daß nach dieser Norm selbst Spanier, die lange Jahre im Ausland gelebt haben, in der entsprechenden Sprache testieren können, also nicht unbedingt in spanisch testieren müssen. Gleiches gelte in Bezug auf die verschiedenen Sprachen und Dialekte innerhalb Spaniens. S.a. *Lois Puente*, RDP 1988, 971 (975 zur Möglichkeit, daß erfoderliche Dolmetscher zugleich als Zeugen fungieren können).

[68] S. unten Kapitel 16.2., S. 61 f..

Eine Testamentserrichtung in spanischer Sprache und vor einem spanischen Notar sollte allerdings vor allem dann erwogen werden, wenn

- der Erblasser seinen Lebensmittelpunkt auf Dauer nach Spanien verlegt hat, und
- der überwiegende Teil seines Vermögens sich dort befindet sowie
- die Gewähr besteht, daß die betreffende Urkundsperson die Normen des deutschen Erbrechts kennt.

Spanische notarielle oder konsularische Testamente finden zwar automatisch ihren Weg zum Zentralen Nachlaßregister in Madrid; dort werden alle nach spanischem Recht errichteten Testamente registriert. Dies kann grundsätzlich auch der deutsche Erblasser für seine in Deutschland errichtete letztwillige Verfügung erreichen: Insofern sollte er auf seinen Notar einwirken, daß eine beglaubigte Übersetzung der Testaments-Urkunde an das Zentrale Spanische Nachlaßregister in Madrid[69] abgesandt wird, damit sein Testament nach seinem Ableben in Spanien berücksichtigt wird.

---

[69] Dazu unten Kapitel 13.3., S. 51 f.

8.   Eigenhändiges (Privat-) Testament

Nach deutschem Erbrecht kann ein Testament *eigenhändig* errichtet werden, d.h. in *privatschriftlicher* Form. Das gilt auch nach spanischem Recht so. Dabei gelten hier wie dort strenge Formvorschriften. Dies ergibt sich aus dem Grundsatz, daß die Errichtung des Testaments ein höchstpersönliches Rechtsgeschäft ist - ein *acto personalísimo* -.

8.1.   Deutsche Regelung

Nach deutschem Recht ist ein Privattestament nur gültig (§ 2247 BGB), wenn es vom Erblasser eigenhändig geschrieben und unterschrieben ist. Nicht einmal der auch nur teilweise Gebrauch einer Schreibmaschine (verständliches Motto des Erblassers: „Die Erben sollen es einmal leicht haben bei der Entzifferung der Testamentsbestimmungen") ist zulässig; dies führt zur Nichtigkeit des gesamten Testaments und damit zur gesetzlichen Erbfolge.

Die Errichtung eines eigenhändigen Testaments setzt nach deutschem Recht weiter voraus, daß der Erblasser volljährig ist, sich im Vollbesitz seiner geistigen Kräfte befindet sowie schreiben und Geschriebenes lesen kann.
Ist der Erblasser wegen Alters oder Krankheit schreibbehindert, kommt es darauf an, ob „Schreibgehilfen" derart am Werke waren, dem Erblasser lediglich ein zitterndes Handgelenk zu stützen oder ob die Hand beim Schreiben geführt wurde. Letzteres ist nur dann zulässig, wenn die Schriftzüge noch als die eigenen des Erblassers angesehen werden können. Anderenfalls läge kein wirksames Testament vor. Daher sollte der Erblasser in Zweifelsfällen unbedingt dem notariellen Testament den Vorzug geben.

Das privatschriftliche Testament soll Angaben über Ort und Zeit der Errichtung enthalten. Fehlen diese, so kann ein eigenhändiges Testament trotz Beachtung der sonstigen Voraussetzungen ungültig sein, nämlich wenn etwa mehrere letztwillige Verfügungen vorliegen und nicht festgestellt werden kann, welches die letzte und damit die maßgebliche ist. Das eigenhändige Testament kann privat aufbewahrt oder in amtliche Verwahrung (bei einem Amtsgericht) gegeben werden. Nach dem Tode des Erblassers ist ein Testament, das nicht in besonderer amtlicher Verwahrung war, bei dem Nachlaßgericht abzuliefern (§ 2259 BGB).

8.2. *Spanische Regelung*

Auch nach spanischem Recht kann ein eigenhändiges Testament nur von Volljährigen errichtet werden.[70] Weiter verlangt der spanische Código Civil, daß das Testament vom Erblasser eigenhändig geschrieben und unterschrieben sein muß. Zwingend vorgeschrieben ist dabei auch die Angabe von Jahr, Monat und Tag der Errichtung. Ausländer können ein eigenhändiges Testament in ihrer Heimatsprache errichten (Art. 688 Abs. 4 CC).[71]

Wie das deutsche sieht auch das spanische Recht vor, daß ein privatschriftliches Testament nach dem Tode des Erblassers beim Gericht erster Instanz zwecks Protokollierung abzuliefern ist (Art. 689 CC). Derjenige, der das Testament nicht innerhalb von 10 Tagen dem Nachlaßgericht übergibt, ist dann zum Schadensersatz verpflichtet (s. im einzelnen Art. 690 CC).

8.3. *Kriterien*

Ist nun die Errichtung eines privatschriftlichen Testaments oder ein öffentliches Testament empfehlenswert?

Zunächst an das Privattestament zu denken, liegt nahe: Es ist bequem und billig zu errichten, auch unproblematisch zu ändern. Zeugen oder Urkundspersonen müssen nicht zugezogen werden. Die Nachteile aber sind nicht zu

---

[70] Daneben ist auf die allgemeine Testierunfähigkeit hinzuweisen - für die nicht emanzipierten Minderjährigen (d.h. vor vollendetem 18. Lebensjahr, vgl. Art. 122 CC) sowie die wegen geistiger Anomalien in der Geschäftsfähigkeit beschränkten Personen (Art. 2189 i.V.m. Art. 138 f. CC).

[71] S. oben bei Fn. 67.

unterschätzen. Es besteht die Möglichkeit der Fälschung, des Nichtauffindens oder sogar des Unterschlagens. Zudem besteht die Gefahr, daß die gesetzlichen, durch das Testament aber nicht bedachten Erben Zweifel an der Testierfähigkeit des Erblassers anmelden, um doch noch selbst in den „Genuß" der Erbschaft zu gelangen.

Zudem wirft das Privattestament Probleme auf, wenn der Bedachte Erbschaftsansprüche geltend machen will. Um seine Erbberechtigung nach außen dokumentieren zu können, ist die Beibringung eines amtlichen Erbscheines notwendig. In Deutschland erteilt das Nachlaßgericht diesen in aller Regel erst dann, wenn die *gesetzlichen* Erben angehört worden sind. Verstirbt der Erblasser in Spanien und wird das privatschriftliche Testament dem dortigen Nachlaßgericht (Richter erster Instanz) übergeben, so muß zunächst ein recht umständliches Erbscheinserteilungsverfahren nach spanischem Recht betrieben werden.

Ohnehin weisen selbst bei reinen Inlandssachverhalten Privattestamente, die ohne rechtskundige Beratung errichtet worden sind, häufig so schwere inhaltliche Mängel auf, die zu Unwirksamkeit des Testaments führen oder für die Beteiligten und die Gerichte zumindest erhebliche Auslegungsprobleme aufwerfen und damit unkalkulierbare Unsicherheitsfaktoren in sich bergen.

Insgesamt überwiegen die Nachteile wohl die Vorteile gegenüber dem öffentlichen Testament. Bei schwierigeren Erbrechtssituationen - also prinzipiell solche mit Auslandsberührung - ist das öffentliche Testament klar vorzuziehen, das Privattestament grundsätzlich nicht empfehlenswert.

9. Letztwillige Verfügungen unter Mitwirkung einer Ur-kundsperson

Als es mit Don Quijote, dem Ritter von der traurigen Gestalt, zu Ende ging, rief er vom Sterbebett: „Bringt mir einen Notarius, damit ich mein Testament mache!" - Doch läßt sich mancher dies zu Recht schon vorher durch den Kopf gehen und zieht beizeiten einen Notar zu Rate.

9.1. *Allgemeines*

Die Mitwirkung einer Urkundsperson in Testamentsangelegenheiten kann sich darauf beschränken, daß sie beurkundet, ihr sei vom Testator eine Schrift mit der Erklärung übergeben worden, es handele sich um seinen letzten Willen. Dies sieht das deutsche Recht vor (§ 2232 BGB) und auch das spanische (Art. 706 f. CC; dazu unten Kapitel 9.2.2., S. 39 f.).

Im Fall der Übergabe einer letztwilligen Verfügung an den Notar nimmt dieser keinen Einfluß auf Inhalt und Gestaltung des Testaments. Vielmehr beurkundet er durch seine Mitwirkung lediglich, daß die vom Erblasser übergebene Schrift dessen letzten Willen beinhaltet. Dieses Testament *gestaltet* der Erblasser hier wie dort *allein* ohne Mitwirkung der Urkundsperson.

Bei schwieriger gelagerten Rechtsverhältnissen sollte der Erblasser jedoch im Interesse der Erben sowie eines reibungslosen Vermögensüberganges schon vor Abfassung der letztwilligen Verfügung einen Notar hinzuziehen (dazu unten Kapitel 9.2.).

Als *Urkundspersonen*, vor denen die zuvor benannten Testamente errichtet werden können, kommen in Betracht: deutsche und spanische *Notare* sowie deutsche und spanische *Konsuln*. Nach dem deutschen Konsulargesetz dürfen Konsularbeamte Testamente und Erbverträge beurkunden, sollen es aber nur für deutsche Erblasser (§§ 10, 11 Abs. 1 KonsularG[72]). Allerdings sind nicht alle deutschen Konsulate in Spanien hierzu befugt: Ein Berufs- oder Honorarkonsul, der nicht zum Richteramt befähigt ist, soll nur dann beurkunden, wenn er dafür vom Auswärtigen Amt besonders ermächtigt ist (§§ 19 Abs. 2 - 4, 24 KonsularG). Dies sollte vorab durch entsprechende Nachfrage beim Konsulat geklärt werden.

9.2. Notariell gestaltetes Testament

9.2.1. Deutsche Regelung

Auf die Gestaltung des letzten Willens, insbesondere auf eindeutige Formulierungen, kann der Notar dann Einfluß nehmen, wenn der Erblasser ihm gegenüber seinen letzten Willen mündlich erklärt und hierüber eine Niederschrift angefertigt wird (Öffentliches Testament, § 2232 BGB).

Aufgabe des Notars ist es dabei, vor Fertigung der Niederschrift den Sachverhalt zu klären und den Willen des Erblassers zu erforschen. Insbesondere die Verwandschafts- und Vermögensverhältnisse sind im einzelnen darzulegen. So kann sich der Erblasser über die rechtliche Tragweite der vorgesehenen Verfügungen klar werden und dementsprechend auch seine Erklärungen abgeben, wie sie dann protokolliert werden. Der Erblasser hat derart die Gewähr, daß die von ihm gewünschte letztwillige Verfügung auch in rechtlich wirksamer Weise zum Ausdruck gelangt.

9.2.2. Spanische Regelung

Das spanische Recht regelt im neugefaßten Art. 694 CC das sogenannte offene Testament vor dem Notar (*„testamento abierto"*). Das Gesetz erwähnt hier ausdrücklich, daß es sich dabei um einen hierzu (d.h. zur Ausübung des Amtes) befugten Notar handeln muß („... *ante notario hábil para actuar...*").Zudem ist festzustellen, ob der Erblasser die erforderliche

---

[72] Texte unten *Anhang D 2 e*, S. 137.

Geschäftsfähigkeit besitzt. Entgegen bisheriger Regelung ist die Zuziehung von Zeugen nicht mehr obligatorisch.[73] Die Fälle, bei denen ausnahmsweise doch die Anwesenheit von Zeugen gefordert wird, nennt Art. 697 CC: wenn der Erblasser erklärt, daß er das Testament nicht unterzeichnen kann, wenn der Erblasser, auch wenn er es unterzeichnen kann, blind ist oder erklärt, daß er das Testament nicht unterschreiben oder lesen kann, und schließlich wenn der Erblasser oder der Notar es so fordern.

Allein die Übergabe einer geschlossenen Schrift (Testament) mit der gleich-zeitigen Erklärung, diese Schrift enthalte den letzten Willen des Erblassers, genügt indes nicht, um die Wirkung einer öffentlichen Testamentsprotokollierung zu erhalten. In diesem Fall hat der Notar nach dem Tode des Erb-lassers vielmehr die Vorlage an das Nachlaßgericht, die Protokollierung sowie die Eröffnung des Testaments zu veranlassen. Anderenfalls kann es keine Wirkung entfalten.

9.3. *Testament und spätere Erbscheine*

Liegt ein Öffentliches Testament vor, so kann auf den Erbschein als Nach-weis der Erbberechtigung verzichtet werden, wenn die einzelnen Testa-mentsbestimmungen hinreichend klar sind, die Erben den Erbfall erleben und die Erbschaft nicht ausgeschlagen haben.

Ist lediglich ein privatschriftliches Testament vorhanden, so sind die Kosten des Erbscheinsverfahrens - und dies gilt gerade für Spanien - häufig höher als diejenigen des Notars für die Errichtung eines Testaments. Auch dies sollte man als Erblasser bedenken.

---

[73] Art. 694 (alte Fassung) CC forderte bisher, drei „geeignete Zeugen" hinzuzuziehen.

10.   Gemeinschaftliches Testament

Eheleute sind berechtigt, aufeinander abgestimmte Verfügungen von Todes wegen zu treffen (§§ 2265 - 2273 BGB). Im gemeinschaftlichen Testament trifft *jeder* der Ehegatten eine letztwillige Verfügung - verbunden in gemeinsamer Form[74]. Folgende Arten sind zu unterscheiden:

10.1.   Wechselbezügliches Testament

Von einem „wechselbezüglichen Testament" spricht man, wenn die Verfügung des einen Ehegatten in ihrer Wirksamkeit von der Wirksamkeit der Verfügung des anderen Teils abhängt.

10.2.   Gegenseitiges Testament

Ein (einfaches) „gegenseitiges Testament" liegt vor, wenn sich die Ehegatten gegenseitig bedenken, ohne daß die beiden Verfügungen voneinander abhängen, eine Wirksamkeitsverknüpfung (wie oben Kapitel 10.1.) also fehlt.

10.3.   „Berliner" Testament

Die in der Praxis häufigste Form des gemeinschaftlichen Testaments ist das sogenannte „Berliner Testament". Die Besonderheit gegenüber den beiden oben genannten Arten besteht darin, daß sich die Ehegatten in diesem gemeinschaftlichen Testament gegenseitig als Alleinerben einsetzen und zumeist die Kinder als Erben des Längstlebenden bestimmen. Zu Lebzeiten des anderen Ehegatten kann der erste die wechselbezügliche Verfügung nur unter den für den Rücktritt vom Erbvertrag geltenden Voraussetzungen

---

[74] Rechtlich liegt eine doppelte einseitige Verfügung von Todes wegen vor, vgl. nur *Palandt/Edenhofer*, Einf. vor § 2265, Rz. 1.

widerrufen (§§ 2271 Abs. 1 S. 1, 2269 BGB). Ein Widerruf nach dem Tode des Ehegatten ist nicht gegeben; der Überlebende ist vielmehr an die wechselbezügliche Verfügung gebunden (§ 2271 Abs. 2 S. 1 BGB).[75]

10.4. *Verbot des gemeinschaftlichen Testaments für Spanier nach dem Código Civil*

Das gemeinspanische Recht verbietet - wie andere romanische Rechte in der Regel auch - das gemeinschaftliche Testament: Nach Art. 669 CC ist es spanischen Staatsangehörigen untersagt, ein gemeinschaftliches Testament zu errichten. Dieses Verbot gilt für Spanier, die der Geltung des Código Civil unterliegen, absolut; es bezieht sich ausdrücklich auch auf im Ausland von Spaniern errichtete gemeinschaftliche Testamente (Art. 733 CC). Lediglich in einigen Foralrechten ist die Zulässigkeit von gemeinschaftlichen Testamenten vorgesehen, nämlich in Aragón[76] und in Navarra[77].

Die Ungültigkeit des gemeinschaftlichen Testaments wird von Rechtsprechung und Literatur damit begründet, daß sich das Verbot nach Art. 669, 733 CC auf den Inhalt bzw. die innere Gültigkeit des Testments erstreckt.[78] Die Verbotsnorm sei eine *Sach*vorschrift und keine *Form*vorschrift; dies wird aus Art. 733 CC gefolgert, wodurch - wie bereits erwähnt - gerade das von Spaniern im Ausland errichtete gemeinschaftliche Testament ausdrücklich für ungültig erklärt wird[79]. Die Qualifizierung des Verbots als sachbezogen ist auch nachvollziehbar; denn so wird die Testierfreiheit geschützt, insbesondere die freie Widerruflichkeit der Testamente. Damit hat natürlich etwa auch ein deutscher Richter oder Nachlaßbeamter die Ungültigkeit eines von Spaniern in Deutschland errichteten gemeinschaftlichen Testaments zu beachten.

---

[75] Zum Widerruf unten Kapitel 15.1, S. 57 f.

[76] Vgl. Art. 94-98 der Compilación de Aragón - zulässig nur für aragonesische Eheleute (Text bei *Ferid/Firsching [Rau]*, Spanien, S. 179 f.).

[77] Vgl. Leyes 199-205 der Compilación de Navarra; keine Beschränkung nur auf Eheleute noch auf nur zwei Testierende (Text bei *Ferid/Firsching [Rau]*, Spanien, S. 385-387), dazu etwa *Jayme* Informaciones, S. 47.

[78] T.S. seit Urteil vom 29.01.1960 (bei *Aranzadi* 1960 Nr. 894 - zur hohen Bedeutung solch wiederholter Rechtsprechung des T.S.: *Huzel*, ZfRV 1990, 256); für die Literatur: *Ortiz de la Torre* in: Albaladejo IX 2, S. 342 f.; *Calvo Caravaca* in: González Campos u.a., S. 252.; *Rau* Informaciones, S. 12 f.

[79] So bereits *Brunner* S. 67; ebenso *Rau* Informaciones, S. 12 f.

Für eine gemischt deutsch-spanische Ehe bedeutet das: In einem gemein-
schaftlichen Testament kann zumindest die letztwillige Verfügung des
spanischen Ehepartners keine Wirkung entfalten. Denn für diesen gilt als
Erbstatut sein spanisches Heimatrecht und damit das Verbot der Art. 669,
733 CC. Ein Notar dürfte in einem solchen Fall ein gemeinschaftliches
Testament erst gar nicht protokollieren. Liegt gleichwohl ein derartiges
Testament eines deutsch-spanischen Ehepaares vor, fragt sich, was aus der
Unwirksamkeit der einen Verfügung für die andere folgt. Zumindest für
wechselbezügliche Testamente gilt, daß die Ungültigkeit der ersten Verfü-
gung stets die der anderen nach sich zieht, auch wenn diese Folge nach dem
anderen Erbstatut (Heimatrecht des zweiten Ehegatten) nicht vorgesehen ist.
Dieser Lösung in Anlehnung an § 2270 Abs. 1 BGB ist zuzustimmen.[80]

Schließlich fragt sich, ob das Verbot des gemeinschaftlichen Testaments
nach dem gemeinspanischen Código Civil zum spanischen *ordre public* zu
zählen ist. Dann bezöge sich das Verbot letztlich auch auf solche Ausländer
in Spanien, deren Heimatrecht das gemeinschaftliche Testament zuläßt. Dem
ist indes nicht so. In der Praxis jedenfalls sind bislang keine Fälle bekannt
geworden, in denen spanische Behörden oder Gerichte ein von deutschen
Staatsangehörigen errichtetes gemeinschaftliches Testament nicht als rechts-
gültig anerkannt hätten. Zumindest seit Spaniens Beitritt zum Haager Testamentsformabkommen[81] können solche Testamente, die von deutschen Eheleuten (noch) in der Heimat errichtet worden sind, auch in Spanien
Gültigkeit und Anerkennung beanspruchen, wenn sie in Form und Inhalt
dem deutschen (Sach-) Recht entsprechen.

---

[80] S. insbesondere *Umstätter*, DNotZ 1984, 532 (536 - unter Verweis auf *Dopffel*,
DNotZ 1976, 335).

[81] Dazu oben Kapitel 5.1., S. 25 f.

11. Besondere Testamentsarten

Wie die meisten Rechtsordnungen kennen auch das deutsche wie auch das spanische Recht Sonderformen des Testaments. Die entsprechenden Ausnahmevorschriften ermöglichen es, auch in speziellen Situationen und Lebenslagen ein Testament zu errichten. Sie seien im Hinblick auf den jeweiligen Ausnahmecharakter hier nur kurz genannt; auf Voraussetzungen und Inhalt der Sonderformen einzugehen, wird bewußt verzichtet.

Das deutsche Recht enthält erbrechtliche Sonderbestimmungen für Minderjährige[82], Blinde[83], Stumme[84] und Schreibunfähige[85]. Zudem sind folgende außerordentliche Testamente geregelt: das sogenannte *„Dorftestament"*[86], das *„Drei-Zeugen-Testament"*[87], das *„Seetestament"*[88] sowie das *„Nottestament"*[89] bei Todesgefahr.

Nach dem gemeinspanischen Recht des Código Civil sind ebenfalls Sonderformen für die zuvor genannten Personengruppen vorgesehen[90], des weiteren solche für Soldaten[91], für während einer Seereise errichtete Testamente[92] sowie für Erblasser, die sich in Todesgefahr befinden.[93] Wohl eingedenk früherer Seuchen ist noch die Sondernorm über Testamente in Epedemiezeiten[94] enthalten.

---

[82] Vgl. § 2233 Abs. 1 BGB i.V.m. §§ 2229, 2247 BGB.

[83] Vgl. § 2233 Abs. 2 BGB.

[84] Vgl. § 2233 Abs. 3 BGB.

[85] Vgl. § 2233 BGB: „Sonderfälle der Errichtung".

[86] § 2249 BGB; auch „Bürgermeistertestament".

[87] § 2250 BGB: „Nottestament in besonderen Fällen".

[88] § 2251 BGB.

[89] „Nottestament vor dem Bürgermeister"(§ 2249 BGB) sowie „Nottestament in besonderen Fällen" (§ 2250 BGB).

[90] Art. 664 CC - eingeschränkte Testierfähigkeit für Minderjährige über 14 Jahren, aber kein eigenhändiges Testament möglich; Art. 665 CC - Testierfähigkeit der Geisteskranken in einem „lichten Moment" (*intervalo lúcido*); dazu *Camara Alvarez* S. 66 f.

[91] *„Testamento militar"*, Art. 716-721 CC; dazu etwa *O'Callaghan Muñoz* S. 158-161.

[92] *„Testamento marítimo"*, Art. 722-731 CC; s.etwa *O'Callaghan Muñoz* S. 161-164.

[93] Art. 700 CC, Sondertestament vor *fünf* Zeugen; vgl. *Camara Alvarez* S. 82 f.

[94] Art. 701 CC, Sondertestament vor *drei* Zeugen, nach *Camara Alvarez* S. 84: *„en cierto modo obsoleto"*.

Darüberhinaus finden sich in einigen der regionalen Sonderrechte Regelungen über spezielle Testamentsformen bzw. -inhalte.[95] So läßt das Foralrecht von Vizcaya in einem notariellen Testament die Bestimmung zu, wonach einem Beauftragten u.a. die Bezeichnung der Erben anvertraut werden.[96] Im Hinblick auf den höchstpersönlichen Charakter des Testaments erscheint eine solche Erbeinsetzung durch einen Dritten, nicht durch den Erblasser selbst, allerdings problematisch. So ist sie nach gemeinspanischem wie auch nach deutschem Recht nicht wirksam; beide Rechte verlangen die persönliche Willensbildung (allein) des Erblassers.

---

[95] Dazu *O'Callaghan Muñoz* S. 166-170; *Camara Alvarez* S: 85-88; *Hierneis* S. 2 f., sowie *Rudolph*, MittRh-NotK 1990, 103 f.; so benötigt man in Katalonien, Aragón und in Navarra bei Errichtung eines offenen Testaments nur *zwei* Zeugen.

[96] „*Testamento por comisario*", vgl. Art. 15 der Compilación de Vizcaya y Àlava (Text bei *Ferid/Firsching [Rau]*, Spanien, S. 197). Ähnlich im Foralrecht von Aragón, wonach der aragonesische Erblasser den Ehegatten testamentarisch beaufragen kann, seine Erben zu bstimmen („*Fiducia sucesoria*" [erbrechtliche Treuhand], Art. 110 f. der Compilación de Aragón, Text bei *Ferid/Firsching[Rau]*, Spanien, S. 183) , vgl. *Brunner* S. 190.

12.   Erbvertrag

Wenn von letztwilligen Verfügungen die Rede ist, geht es in erster Linie um einseitige Verfügungen (Testament, Vermächtnis). Verfügungen können jedoch auch im Rahmen eines Erbvertrages getroffen werden - zumindest nach deutschem Recht.

12.1.   Deutsche Regelung

Die Bestimmungen über den Erbvertrag finden sich in den §§ 2274 - 2302 BGB. Danach gelten folgende Grundsätze:

Einen Erbvertrag abschließen kann jeder unbeschränkt geschäftsfähige Deutsche. Der Vertrag bedarf zu seiner Rechtswirksamkeit der notariellen oder konsularischen Form. Inhaltlich können mittels eines Erbvertrages folgende Anordnungen getroffen werden: Erbeinsetzung, Vermächtniszuwendungen, Auflagen, Erbverzicht sowie Verzicht auf den Pflichtteilsanspruch. Dem rechtlichen Charakter als Vertrag entsprechend binden die Verfügungen beide Vertragspartner und können nur durch einen neuen Vertrag aufgehoben werden. Der Erbvertrag nach deutschem Recht ist nicht auf Ehegatten beschränkt - anders als das gemeineinschaftliche Testament (dazu oben 10.1, S. 41). In der Praxis allerdings wird gerade von Ehegatten häufig die Rechtsfigur des Erbvertrages und nicht die des gemeinschaftlichen Testaments gewählt: In der Regel ist nämlich eine beiderseits bindende vertragliche Regelung gewollt; zum andern soll der einseitige Widerruf des gemeinschaftlichen Testaments zu Lebzeiten des anderen Ehegatten meist ausgeschlossen werden.

Der Erbvertrag, wenngleich er auch schuldrechtliche Elemente enthält, unterliegt dem Erbstatut. Erbrechtliche Verfügungen in der Form eines Erbvertrages kann demnach nur derjenige treffen, dessen Heimatrecht (Personalstatut) diese Rechtsfigur vorsieht. Sind beide Partner des Erbvertrages deutsche Staatsangehörige, so ist ein Erbvertrag in jedem Fall zulässig. Für die Errichtungs*form* gilt Art. 26 Abs. 4 EGBGB; dies bedeutet eine Formerleichterung, denn damit sind die Vorschriften des Haager Testamentsformabkommens von 1961 übernommen[97] und zudem „auf andere Verfügungen von Todes wegen", also namentlich Erbverträge, erweitert. Über die Wirksamkeit von Erbverträgen indes entscheidet das Erbstatut.[98]

12.2. Verbot des Erbvertrags nach dem Código Civil

Im Gegensatz zum deutschen Recht läßt das (gemein-) spanische Recht erbrechtliche Verfügungen im Rahmen eines Erbvertrages grundsätzlich nicht zu; in Art. 1271 CC ist vielmehr ein entsprechendes Verbot enthalten. Unbekannt ist der Erbvertrag dem spanischen Recht indes nicht. So ist die letzwillige Verfügung durch Erbvertrag in diversen Foralrechten ausdrücklich geregelt, so in Katalonien[99], Aragón, Navarra wie auch auf den Balearen.[100] (Mit) darauf zurückgehend erwähnt auch der Código Civil in seinem 1974 neugefaßten Einführungstitel ausdrücklich die Möglichkeit, durch Erbvertrag letztwillige Verfügungen zu treffen (Art. 9 Ziff. 8 Satz 2 CC).

Insoweit ist anzumerken, daß sich das Verbot des Art. 1271 CC, Erbverträge abzuschließen, nicht im erbrechtlichen Teil des Código Civil, vielmehr im schuldrechtlichen befindet. So wird dem Erbvertrag eher schuldrechtlicher und nicht erbrechtlicher Charakter zugemessen.[101]

12.3. Erbvertrag bei gemischt-nationalen Ehen

Bei deutsch-spanischen Eheleuten ist hier zu differenzieren, ob der spanische Partner einem Foralrecht unterliegt, welches den Erbvertrag zuläßt,

---

[97] Oben Kapitel 5.1., S. 25 f.: Art. 26 Abs. 1 Nr. 1 EGBGB nennt *zehn* Rechte, nach denen eine Verfügung von Todes wegen formgültig sein kann.

[98] Statt vieler *Kegel* § 21 III (S. 766); *Kropholler* § 51 III 6, S. 384.

[99] Nach Art. 63 ff. Compilación de Cataluña können erbvertragliche Regelungen allerdings nur in einem Ehevertrag bzw. während bestehender Ehe vereinbart werden.

[100] *Camara Alvarez* S. 51-53; s.a *Jayme,* Informaciones, S. 59.

[101] Vgl. bereits *Brunner* S. 76 mit Hinweis auf die spanische Lehre.

oder aber dem gemeinspanischen Recht des Código Civil. Wird also ein Erbvertrag zwischen einem Deutschen und einer Katalanin geschlossen, ist er als gültig anzusehen, wenn die Voraussetzungen beider (Heimat-) Rechte - des deutschen wie des katalanischen (Foralrechts) - eingehalten sind. Unterliegt der spanische Ehepartner dagegen dem Código Civil, wäre ein Erbvertrag mit einer deutschen Frau bzw. umgekehrt grundsätzlich unzulässig (s. oben).

Dies gilt jedenfalls für solche Erbverträge, mittels derer eine gegenseitige Erbeinsetzung von Personen mit unterschiedlicher Staatsangehörigkeit beabsichtigt ist. Hier müssen beide Erbstatute berücksichtigt, demzufolge auch die jeweiligen Voraussetzungen beider Rechte erfüllt werden. So wäre also ein *gegenseitiger* Erbvertrag eines Deutschen mit seiner Madrider Ehefrau („*Madrileña*") ungültig; denn nach ihrem Erbstatut, dem gemeinspanischen Heimatrecht des Código Civil, kann sie nicht mittels Erbvertrags über ihren Nachlaß letztwillig verfügen.

Anders beurteilt es sich dagegen, wenn ein Erbvertrag lediglich eine *einseitige* Erbeinsetzung enthält - wenn etwa ein Deutscher seiner spanischen Nichte sein Appartement auf Teneriffa „vermacht". Dieser Erbvertrag ist als wirksam anzusehen, auch wenn das Heimatrecht des sich erbrechtlich nicht verpflichtenden Teils (hier der spanischen Nichte) letztwillige Verfügungen in Form eines Erbvertrags nicht erlaubt.

Schließlich stellt sich die Frage nach der Auswirkung eines möglichen Staatsangehörigkeitswechsels eines der Ehepartner nach Abschluß des Erbvertrags. Zweifelsohne ändert sich damit das Erbstatut dieses Ehegatten (Heimatrecht im Zeitpunkt seines Todes). Die Gültigkeit des Erbvertrages wie auch seine Auslegung richten sich aber weiterhein nach dem Recht seiner Errichtung.

12.4. Wirksamkeit des in Deutschland geschlossenen Erbvertrages in Spanien

Nach dem bislang zum Erbvertrag ausgeführten - grundsätzliches Verbot nach dem gemeinspanischen Recht des Código Civil (Art. 1271 CC) - fragt sich, ob ein nach fremdem Recht zulässiger Erbvertrag in Spanien Wirkung entfalten kann. Aus der ausdrücklichen Erwähnung des Erbvertrages in Art. 9 Ziff. 8 Satz 2 CC kann der Schluß gezogen werden, daß ein Erbvertrag wohl keinen Verstoß gegen den spanischen *ordre public* darstellt, wenn das ausländische Recht die Rechtsfigur des Erbvertrags anerkennt.

Daraus folgt, daß beispielsweise ein deutscher Erbvertrag in Spanien als rechtswirksame letztwillige Verfügung anzuerkennen ist.[102] Sollten gleichwohl in Spanien Schwierigkeiten bei der Umschreibung von Grundstücken auf Grund eines vor einem deutschen Notar protokollierten Erbvertrags entstehen, besteht noch immer die Möglichkeit, auf Grund der Erbvertragsregelung vor dem deutschen Nachlaßgericht einen Erbschein nach deutschem Recht zu beantragen und diesen in Spanien vorzulegen. Dies empfiehlt sich im übrigen auch aus einem anderen Grund: Der Erwerber einer Nachlaßliegenschaft hat eine bessere Rechtsstellung, wenn sich der Erbennachweis nicht nur aus einem notariellen Testament oder einem Erbvertrag ergibt, sondern aus einem Erbschein. Denn in diesem Fall wird der öffentliche Glaube an die Richtigkeit des Erbscheins - anders als in letztwilligen Verfügungen in einer Notariatsurkunde - geschützt (§ 2365 BGB).

---

[102] Dementsprechend hat auch der *Verf.* in langjähriger praktischer Erfahrung bislang noch in keinem Fall Probleme mit der Umsetzung von deutschen Erbverträgen in Spanien gehabt.

13. Hinterlegung und Verwahrung letztwilliger Verfügungen

Jeder Erblasser hat ein Interesse daran, daß seine letztwillige Verfügung nach seinem Tode auch beachtet und durchgeführt wird. Dies setzt voraus, daß die letztwillige Verfügung auch im Todesfall den zuständigen Stellen vorliegt oder vorgelegt wird. Ein geeignetes Mittel gegen die absichtliche oder versehentliche Nichtvorlegung von letztwilligen Verfügungen ist deren amtliche Verwahrung. Erblasser wie Erben haben dann weder eine Fälschung noch den Verlust der Urkunde zu befürchten.

13.1. Deutsche Regelung

Ein *eigenhändiges* Testament kann in amtliche Verwahrung gegeben werden, § 2248 BGB. Zuständig hierfür ist jedes Amtsgericht, § 2258a BGB. Als Quittung erhält der Erblasser einen Hinterlegungsschein. Durch die *amtliche* Verwahrung ändert sich die Rechtsnatur des privatschriftlichen Testaments jedoch nicht: Es wird dadurch nicht etwa zu einem Öffentlichen Testament. Und es kann aus der Verwahrung zurückgenommen werden, ohne daß es seine Gültigkeit verliert.

Das *notariell* errichtete *Öffentliche* Testament soll in gleicher Weise in amtliche Verwahrung gebracht werden, § 34 Beurkundungsgesetz. Auch hier erhält der Erblasser einen Hinterlegungsschein. Vor Konsuln errichtete Testamente sind zur amtlichen Verwahrung verschlossen dem Amtsgericht Berlin-Schöneberg zu übermitteln.[103] Werden Öffentliche Testamente aus der amtlichen Verwahrung an den Erblasser zurückgegeben, gelten sie als widerrufen (§ 2256 BGB). Hierauf sollte man achten.

---

[103] Vgl. § 11 Abs. 2 KonsularG (Text unten *Anhang D 2 e*, S. 136 f.); zu „Konsulartestamenten" s.a. etwa *Palandt/Edenhofer*, § 2258a Rz. 2.

Beim Erbvertrag gilt im wesentlichen das gleiche, sofern die Vertrag-schließenden nicht die besondere amtliche Verwahrung ausschließen. Die Rücknahme eines Erbvertrages aus der amtlichen Verwahrung gilt allerdings nicht als Widerruf.

13.2. Spanische Regelung

Über das von deutschen Staatsangehörigen vor einem spanischen Notar er-richtete Testament wird das „Zentrale Register über letztwillige Verfügungen" (*Registro de Actos de Ultima Voluntad*) in Madrid[104] automatisch informiert. Ebenso verfährt der spanische Notar mit solchen Testamenten, die ihm in verschlossener Form mit der Erklärung übergeben werden, es handele sich dabei um die letztwillige Verfügung des Erblassers. Der Notar hat hierüber ein Protokoll aufzunehmen. Damit erhält auch über diese Testamente das Zentrale Nachlaßregister Kenntnis und informiert bei Vorlage der Sterbeurkunde die in Frage kommenden Erben..

13.3. Registrierung von vor deutschen Notaren errichteten Testamenten in Spanien

Im Zusammenhang mit der Errichtung letztwilliger Verfügungen in Deutschland und ihrer Durchsetzung in Spanien entstehen - etwa wegen ver-schiedener Verfahrensmodalitäten - bisweilen Schwierigkeiten. Diese kön-nen zumindest verringert oder gar vermieden werden, wenn vor deutschen Notaren errichtete letztwillige Verfügungen deutscher Staatsangehöriger mit Vermögen in Spanien oder spanischer Staatsangehöriger mit Wohnsitz oder Aufenthalt in Deutschland an das spanische Zentralregister für letztwillige Verfügungen (*Registro de Actos de Ultima Voluntad*, oben Kapitel 13.2.) übersandt und dort eingetragen werden.

---

104 Die gesetzliche Regelung findet sich in der spanischen Notarordnung, Anhang II (*Reglamento Notarial, Anexo II*); dazu etwa *Camara Alvarez* S. 99-101.

Nach Art. 3a des Anhangs II zur Notarordnung werden in dem Zentralregister insbesondere notariell protokollierte letztwillige Verfügungen eingetragen. Daneben finden weiter Eingang in das Register: dem Notar übergebene verschlossene Urkunden, Schenkungen von Todes wegen, Wider-
rufsverfügungen sowie Abänderungen letztwilliger Verfügungen.

Das Register hat damit nicht nur für letztwillige Verfügungen spanischer
Staatsangehöriger Bedeutung. Es kann vielmehr auch Auskunft darüber
geben, ob ein deutscher Erblasser mit Vermögen in Spanien eine letztwillige
Verfügung vor einer spanischen Urkundsperson errichtet oder ihm eine
verschlossene Schrift mit einem Testament übergeben hat.[105]

Nehmen deutsche Notare die Beurkundung letztwilliger Verfügungen mit
Bezug zu Spanien vor, stellt sich die Frage, ob auch diese ins spanische
Zentralregister eingetragen werden können. Das ist insbesondere dann von
Bedeutung, wenn in Spanien bereits eine letztwillige Verfügung etwa über
den dortigen Grundbesitz registriert wurde und die zeitlich spätere vor
einem deutschen Notar errichtete Urkunde die erstere (spanische) widerruft,
abändert oder ersetzt. Allein die amtliche Verwahrung deutscher Urkunden
über letztwillige Verfügungen bei den in Deutschland hierfür zuständigen
Stellen gewährleistet nicht, daß diese Urkunden dem spanischen
Zentralregister in Madrid zur Kenntnis gelangen und somit in das spanische
Nachlaßverfahren einbezogen werden.

In diesem Zusammenhang ist das am 16.5.1972 in Basel beschlossene
*„Europäische Übereinkommen über die Errichtung einer Organisation zur
Registrierung von Testamenten"* zu erwähnen. Für Spanien gilt es seit dem
03.06.1985. Außerdem gehören dem Abkommen an[106]: Frankreich, Türkei
und Zypern; sodann Belgien, die Niederlande und Italien; schließlich Portu-
gal sowie Luxemburg. Nach seinem Art. 1 will das Abkommen[107] die Registrierung von Testamenten fördern, um ihr Auffinden zu erleichtern. Registriert werden öffentlich erklärte oder förmlich hinterlegte Testamente
sowie eigenhändige Testamente, die formlos bei einem Notar oder einer

---

[105] Vgl. *Camara Alvarez* S. 99 f. - auch zur großen praktischen Bedeutung dieses seit
1885 (!) bestehenden Zentralregisters; s.a. *Brunner* S. 234 ff.

[106] In der Reihenfolge des Beitritts (nach *Jayme/Hausmann* S. 96 Fn. 3).

[107] Inhalt des Abkommens nach *Kegel* § 21 V 3 c (S. 783 f.).

anderen zugelassenen Stelle hinterlegt worden sind; ebenso werden registriert Rücknahmen, Widerrufe und Änderungnen unter gleichen Umständen (Art. 4). Auf Wunsch wird nicht nur im Hinterlegungsstaat, sondern auch in anderen Vertragsstaaten registriert (Art. 6).

Für Deutschland ist das Abkommen noch nicht in Kraft. Daher besteht eine Lücke bei der Registrierung letztwilliger Verfügungen spanischer Staatsangehöriger, die vor einer deutschen Urkundsperson errichtet worden sind, wie auch ebensolcher Verfügungen deutscher Staatsangehöriger mit Vermögen in Spanien.

Diese Lücke kann in Einzelfällen dazu führen, daß beispielsweise wegen mangelnder Publizität des in Deutschland erklärten Widerrufs[108] eines in Spanien errichteten notariellen Testaments dieses dort als gültige Urkunde für die Umschreibung von Grundvermögen dient. Letztlich käme es so zu einer Schädigung der rechtmäßigen Erben.

Daher ist es bei vor einem deutschen Notar errichteten letztwilligen Verfügungen, die deutsch-spanischen Bezug aufweisen - bei Vermögen Deutscher in Spanien bzw. von Spaniern in Deutschland -, empfehlenswert, die entsprechenden Urkunden in das spanische Zentralregister in Madrid eintragen zu lassen. Diese Praxis findet ausdrücklich Billigung der obersten spanischen Registerbehörde, der Generaldirektion für Register und Notariate (*Dirección General des los Registros y del Notariado*, D.G.R.N.)[109], die die Möglichkeit, vor ausländischen Urkundspersonen errichtete Testamente in das spanische Zentralregister über letztwillige Verfügungen einzutragen, bejaht hat.[110]

Die Eintragung entsprechender „ausländischer" Urkunden ins spanische Register ist besonders im oben erwähnten Fall ratsam, wenn bereits eine

---

108 Nach Art. 4 des o.g. Baseler Übereinkommens (oben vor Fn. 32) können Widerrufe registriert werden.
109 D.G.R.N., seit Beschluß vom 08.06.1970, RDP 1971, 374.
110 Im Ergebnis ebenso *Gantzer* S. 87: „Auf jeden Fall gibt es eine Verwaltungsanordnung dahingehend, daß letztwillige Verfügungen , die deutsche Staatsangehörige mit Vermögen in Spanien und spanische Staatsangehörige vor deutschen Notaren errichtet haben, in das spanische Zentralregister einzutragen sind" (allerdings ohne diese Verwaltungsanordnung zu bezeichnen). Gegen den Widerspruch des Testierenden sei eine Meldung an das Zentralregister jedoch nicht möglich; dem ist zuzustimmen.

letztwillige Verfügung in Spanien errichtet und auch hinterlegt bzw. registriert wurde. Ratsam ist es auch für den letztwillig Verfügenden, der seinen Wohnsitz oder Aufenthalt auf Dauer in Spanien zu nehmen beabsichtigt.

Daher sei hier die Verfahrensweise im wohl häufigsten Fall - vor einem deutschen Notar ist nicht in spanischer Sprache beurkundet worden - skizziert:

1. Zunächst ist eine beglaubigte Übersetzung der notariellen Urkunde in die spanische Sprache zu fertigen und diese mit der *Apostille* nach dem *Haager Abkommen* vom 05.10.1961 [111] zu versehen. Die beglaubigte Ausfertigung der Testamentsurkunde ist gleichfalls mit der Apostille zu versehen.

Dabei sollten aus der letztwilligen Verfügung - zumindest jedoch aus dem Begleitschreiben - folgende Angaben über den Erblasser hervorgehen:[112]

Nachname, Vorname;
Namen der Eltern;
Name des Ehepartners;
Geburtsort und -datum sowie
Staatsangehörigkeit.

2. Zu richten ist der Eintragungsantrag des deutschen Notars an die spanische „Generaldirektion für letztwillige Verfügungen":

Servicio del Registro General de Actos de Ultima Voluntad
- Dirección General de los Registros y del Notariado -
Ministerio de Justicia
C/. San Bernardo, 45 y 62
E - 28071 Madrid.

---

111 „Haager Übereinkommen zur Befreiung ausländischer öffentlicher Urkunden von der Legalisation" vom 05.10.1961; Text (auszugsweise) bei *Jayme/Hausmann*, Nr. 130 (S. 548).
112 Vgl. *Camara Alvarez* S. 99.

14. Schenkungen bezogen auf den Todesfall und Verträge zugunsten Dritter/Versicherungen

Im Leben gibt es Situationen und Gestaltungsmöglichkeiten, die sich einer eindeutigen rechtlichen Zuordnung entziehen. Hierzu gehören etwa Schenkungen. Insoweit läßt sich oft nicht mit Bestimmtheit sagen, ob die Schenkung noch zu Lebzeiten vollzogen worden ist. Oder ob zu Lebzeiten nicht lediglich ein entsprechender - eher unverbindlicher - Schenkungswille zum Ausdruck gelangen sollte. Der Gesetzgeber hat dem Rechnung getragen, indem er Rechtsnormen zur Verfügung stellt, die sich teils im Schuldrecht und teils im Erbrecht befinden. So gelten für die vollzogene Schenkung (unter Lebenden) die (schuldrechtlichen) Bestimmungen über die Schenkung.

Dagegen sind für die *Schenkung von Todes wegen*, also eher die lediglich versprochene Schenkung, die (erbrechtlichen) Vorschriften über die Verfügungen von Todes wegen anzuwenden (§ 2301 BGB). Durch ein solches Schenkungsversprechen kann der Erblasser seine Vermögensverhältnisse ähnlich wie etwa durch Testament regeln. Er soll damit aber insbesondere nicht die erbrechtlichen Formvorschriften für letztwillige Verfügungen umgehen können. Daher richten sich die Schenkungen von Todes wegen nach den Regeln über Verfügungen von Todes wegen. Dementsprechend müssen sie also in der Form einer Verfügung von Todes wegen erfolgen.[113] Grundvoraussetzung für solche Schenkungsversprechen ist natürlich, daß der Beschenkte den Erblasser überlebt. Die Grenzziehung im einzelnen ist oftmals schwierig[114] und nicht nur in der Lehre lebhaft umstritten, wie schon ein Blick in einschlägige Gesetzeskommentare verrät.

---

[113] Je nach Ausgestaltung ist die Schenkung von Todes wegen dann als Vermächtniszuwendung oder auch als Erbeinsetzung zu betrachten.

[114] So greift etwa § 2301 BGB nicht ein, wenn die Schenkung erst mit dem Tode des Schenkers erfüllt werden, aber vom Überleben des Beschenkten unabhängig sein soll; dann sind auch nicht die *erb*rechtlichen Vorschriften zu beachten.

Nach *spanischem* internationalen Privatrecht unterliegt die Schenkung von Todes wegen wie nach deutschem Recht dem Erbstatut (erbrechtlicher Charakter). Schenkungen unter Lebenden - als (rein) schuldrechtlicher Vertrag - dagegen beurteilen sich gemäß Art. 10 Ziff. 7 CC nach dem Heimatrecht des Schenkers. Im Código Civil sind beide Formen der Schenkung - anders als im BGB - im Zusammmhang geregelt (in den Art. 618 f.), die Schenkung von Todes wegen speziell in Art. 620 CC.[115]

Des weiteren ist in diesem Zusammenhang der *Vertrag zugunsten Dritter* gemäß § 331 BGB zu nennen. Danach tritt der Rechtserwerb mit dem Tod des Zuwenders ein. Es handelt sich hierbei um eine schuldrechtliche Verfügung. Ein typischer Vertreter dieses Vertragstypus ist insbesondere der *Lebensversicherungs-Vertrag.* Um in den Besitz der Versicherungsleistungen zu gelangen, bedarf es daher - dem schuldrechtlichen Charakter dieses Vertragers entsprechend - weder der Vorlage eines Erbscheins noch eines Testaments. Von Bedeutung sind vielmehr folgende Unterlagen:

- der Versicherungsschein, aus dem sich das Bezugsrecht ergibt;
- ein Beleg über die letzte Beitragszahlung;
- eine ärztlicheBescheinigung über die Todesursache sowie
- eine standesamtliche Sterbeurkunde.

Wer empfangsberechtigt ist, bestimmt sich nach dem Recht, das auf den Lebensversicherungsvertrag anwendbar ist (Vertragsstatut).

---

115 „*Las donaciones que hayan de producir sus efectos por muerte del donante* ...“(Wortlaut u.a. bei *Peuster*, ZGB, S. 208 bzw. bei *Ferid/Firsching* [*Rau*], Spanien, S. 21).

15.   Widerruf und Anfechtung letztwilliger Verfügungen

15.1.   *„Die Zeiten ändern sich "- Widerruf*

Was im Augenblick der Testamentserrichtung oder der Beurkundung des Erbvertrages noch nicht vorhersehbar war, ist vor dem Tode des Erblassers eingetreten: Ein enger Verwandter oder der testamentarisch bedachte langjährige beste Freund ist zwischenzeitlich verstorben , der früher „blühende" eigene Betrieb „wirft" nun nicht mehr so viel ab oder aber ein Zerwürfnis mit dem Bedachten ist eingetreten. M.a.W., die teilweise oder grundlegende Veränderung der Konstellation gegenüber dem Zeitpunkt der Errichtung der letztwilligen Verfügung verlangt nach Anpassung an die veränderten Umstände.

Nach deutschem Recht ist dies möglich: Ein *Testament* kann jederzeit widerrufen werden ebenso wie eine einzelne, in einem Testament enthaltene Verfügung; § 2253 BGB. Denn auch der Widerruf des Testaments stellt seinerseits eine Kundgebung des letzten Willens des Testierenden dar. Der Widerruf kann ausdrücklich sein, durch ein neues Testament, oder schlüssig erfolgen, etwa durch Vernichtung der Testamentsurkunde, Vornahme von Veränderungen an ihr oder durch Rücknahme eines eigenhändigen Testaments. Dagegen macht die bloße Rücknahme aus der Verwahrung ein eigenhändiges Testament nicht schon ungültig.

Für *gemeinschaftliche Testamente* gelten die Widerrufsbestimmungen grundsätzlich auch. Bei bindenden wechselbezüglichen Verfügungen bestehen jedoch   Ausnahmen. Nach § 2271 BGB setzt der Widerruf wechselbezüglicher Verfügungen voraus, daß dieser notariell beurkundet und diese Urkunde dem anderen Ehegatten förmlich zugestellt wird. Und nach dem Tode eines Ehegatten besteht für den Überlebenden eine Bindungswirkung in Bezug auf die gemeinschaftlich letztwillig Bedachten.

Schließlich kann ein *Erbvertrag* der veränderten Situation angepaßt werden: durch einen Aufhebungsvertrag, § 2290 BGB. Ein zwischen Ehegatten geschlossener Erbvertrag kann auch durch ein gemeinschaftliches Testament der Ehegatten aufgehoben oder abgeändert werden, § 2291 BGB.

15.2. Anfechtung

Eine letztwillige Verfügung kann wegen Irrtums oder wegen einer (arglistigen) Drohung angefochten werden. Die Übergehung eines Pflichtteilsberechtigten ist ein weiterer Anfechtungsgrund. Dazu gehört auch die Geburt eines Abkömmlings des mittels Erbvertrages oder gemeinschaftlichen Testaments letztwillig Verfügenden. Denn im Zeitpunkt des Abschlusses des Erbvertrags oder des gemeinschaftlichen Testaments war die Existenz dieses pflichtteilsberechtigten Abkömmlings nicht bekannt.

Zu nennen sind schließlich solche Fälle, in denen der aufgrund eines Erbvertrags oder eines gemeinschaftlichen Testaments gebundene Erblasser nach dem Tode des anderen Teils zugunsten eines neuen Ehegatten oder bisher nicht vorhandener Abkömmlinge letztwillige Verfügungen treffen möchte. Auch hier besteht die Anfechtungsmöglichkeit. Es gilt allerdings die kurze Anfechtungsfrist von einem Jahr ab Kenntnis der Sachlage. Das bedeutet, daß die Anfechtung innerhalb von einem Jahr nach Geburt des Abkömmlings bzw. nach der (erneuten) Eheschließung erklärt sein muß.

15.3. Adressat der Erklärungen

Lebt der Erblasser in Spanien, fragt sich, ob die Anfechtung auch gegenüber einem spanischen Gericht erklärt werden kann. Auch wenn dies grundsätzlich zu bejahen sein dürfte, ist gleichwohl Vorsicht geboten. Das spanische Recht jedenfalls sieht eine entsprechende Zuständigkeit der spanischen Gerichte nicht vor. Empfehlenswert ist in solchen Fällen eher, die Anfechtung vor einem spanischen Notar zu erklären, und sodann die notarielle Urkunde an das zuständige deutsche Nachlaßgericht[116] zu übersenden (unten Kapitel 16.2., S. 61 f.). Insoweit kommt auch die entsprechende Inanspruchnahme eines deutschen Konsuls in Spanien in Betracht.

Ist das Testament bzw. der Erbvertrag eines deutschen Staatsangehörigen bereits im spanischen Zentralen Nachlaßregister (*Registro General de Actos de Ultima Voluntad* in Madrid, oben Kapitel 13.3., S. 51) zur Eintragung gelangt, empfiehlt sich unbedingt auch eine Mitteilung des Widerrufs an dieses Zentralregister. So läßt sich am ehesten verhindern, daß nach dem Tode des Erblassers der in dem widerrufenen Testament bzw. Erbvertrag Bedachte die Erbschaft oder das Vermächtnis antreten kann. Anderenfalls könnte er aufgrund des (noch) nicht in spanischen Registern eingetragenen Widerrufs doch in den Genuß der Erbschaft gelangen.

15.4. Widerruf und Anfechtung letztwilliger Verfügungen auch nach spanischem Recht

Wie das deutsche sieht auch das spanische Recht den Widerruf von Testamenten vor (Art. 737 - 743 CC); möglich ist auch ein nur teilweiser Widerruf (Art. 738 CC). Das später errichtete Testament bedeutet einen Widerruf der früheren Testamente. Anderes gilt nur, wenn der Erblasser in seinem späteren Testament klar zum Ausdruck bringt, daß das frühere Testament fortgelten soll (vgl. Art. 739 CC) .[117]

---

[116] Nachlaßgericht ist das Amtsgericht (§ 72 FGG), funktionell zuständig ist grundsätzlich der Rechtspfleger (§ 3 Nr. 2c RPflG).

[117] Zum Widerruf des verschlossenen Testaments (*„testamento cerrado"*) vgl. Art. 742 CC.

16. Eintritt des Erbfalls, Testamentseröffnung und Erbschein

16.1. Eintritt des Erbfalls

Gehen wir nun davon aus, daß das Ereignis eingetreten ist, welches erst zur Erbfolge führt: *der Tod des Erblassers*[118]. Die nüchterne Betrachtung der hierdurch eingetretenen Situation zwingt die gesetzlichen oder eingesetzten Erben dazu, sich um den Nachlaß zu kümmern, also bestimmte Maßnahmen zu ergreifen. Eine der ersten Handlungen, nicht allein wegen des möglichen Antritts der Erbschaft, ist die Erlangung einer amtlichen Sterbeurkunde. Diese ist unerläßliches "Requisit" für alles Weitere. In internationalen Erbfällen, wenn die Sterbeurkunde voraussichtlich auch im Ausland, bei Behörden und Banken, vorgelegt werden muß, sollte man sogleich die „*Internationale Sterbeurkunde*"[119] verlangen.

Zuständig für die Ausstellung der Sterbeurkunde sind in Deutschland die Standesämter und in Spanien die Zivilregister (*Registro Civil*). Ist der Tod des Erblassers in Spanien eingetreten, so empfiehlt sich die Verständigung der nächsten konsularischen Vertretung. Es sei denn, diese hat bereits Mitteilung von den zuständigen spanischen Stellen erhalten, wie in Art. 11 des deutsch-spanischen Konsularabkommens[120] vorgesehen.

Nach § 8 Abs. 3 des deutschen Konsulargesetzes sind die Konsularbeamten befugt, über die Anzeige der Geburt oder den Tod eines Deutschen eine von ihnen und dem Anzeigenden zu unterschreibende Niederschrift aufzunehmen. Diese Niederschrift ist mit den vorgelegten Unterlagen dem Standesamt 1 in Berlin (Schöneberg) zu übersenden.

---

[118] Vgl. Art. 2031 CC (Eröffnung der Erbfolge).
[119] Zur Erforderlichkeit der Vorlage der „Internationalen Sterbeurkunde" (Auszug aus dem Todesregister) s. unten Kapitel 27.8.2., S. 113.
[120] Dazu oben Kapitel 1.4, S. 6-8.

16.2. Testamentseröffnung und Erbschein

Hat der Erblasser eine letztwillige Verfügung errichtet, ist im Fall seines Todes festzustellen, wo sich diese Verfügung befindet. Privatschriftliche Testamente sind dem zuständigen Nachlaßgericht[121] abzuliefern. Handelt es sich um eine Urkunde, die amtlich verwahrt ist, so wird das zuständige Nachlaßgericht in der Regel von sich aus tätig. Bei einer letztwilligen Verfügung in notarieller Form, die vor einer deutschen Urkundsperson protokolliert worden ist, erfolgt die Eröffnung durch das zuständige Nachlaßgericht.

Welches aber ist das zuständige Nachlaßgericht? Bei deutschen Staatsangehörigen mit Vermögen in Spanien, die in Spanien verstorben sind, und die neben der deutschen auch noch die spanische Staatsangehörigkeit besitzen, besteht keine ausschließliche deutsche internationale Zuständigkeit für die Erteilung eines Erbscheins bzw. eines Nachlaß-Zeugnisses. Vielmehr ist dann eine konkurrierende deutsche und spanische internationale Zuständigkeit gegeben.[122] Bei Personen mit deutscher und spanischer Staatsangehörigkeit, sogenannten Mehrstaatern[123], kann die Erbfolge je nachdem eine andere sein, welches Gericht angerufen wird: ein deutsches oder eine spanisches. Denn das deutsche Nachlaßgericht stellt nach deutschem IPR bei einem deutschen Mehrstaater allein auf das deutsche Recht als Erbstatut ab.[124] Und entsprechend verhalten sich spanische Nachlaßgerichte: Sie betrachten einen Deutsch-Spanier erbstatutmäßig allein als spanischen Staatsangehörigen.

Ein *Erbschein* wird nur auf Antrag erteilt. Dieser ist in öffentlicher Form beim zuständigen Nachlaßgericht zu stellen. Antragsberechtigt sind - neben den Erben - auch Testamentsvollstrecker, Nachlaß- wie Nachlaßkonkurs-verwalter, Abwesenheits- und Auseinandersetzungspfleger. Ein selbstän-diges Antragsrecht haben zudem Gläubiger eines Erben. Der Erbscheins-

---

[121] S. oben Fn. 116.
[122] S. dazu *Weigend*, S. 306 f. m.w.N.
[123] S. a. unten Kapitel 24., S. 92 f.
[124] Vgl. Art. 5 Abs. 1 S. 2 EGBGB.

antrag ist im einzelnen zu begründen; anzugeben ist auch der Grund, aus dem sich die Erbenstellung ergibt (Berufungsgrund). Wird der Erbschein von einem oder mehreren Erben beantragt, so haben diese zuvor in notarieller Form an Eides statt vor allem zu erklären, ob und gegebenenfalls welche letztwilligen Verfügungen vorhanden, wer die gesetzlichen Erben sind und ob ein Rechtsstreit über die Erbschaft besteht. Bei öffentlichen Testamenten bedarf es grundsätzlich keines Erbscheinsantrages.

In Deutschland bestimmt sich die örtliche *Zuständigkeit für die Ausstellung des Erbscheins* nach den Regeln des Gesetzes über die Angelegenheiten der freiwilligen Gerichtsbarkeit (§ 73 FGG).[125] Danach ist grundsätzlich zuständig das Amtsgericht des Wohnsitzes, den der Erblasser im Zeitpunkt des Todes hat. Ist ein inländischer Wohnsitz nicht feststellbar, sondern hatte der Erblasser lediglich seinen ständigen Aufenthalt im Inland, so ist das für seinen letzten Aufenthaltsort zuständige Amtsgericht befugt zur Ausstellung des Erbscheins. Ist der Erblasser im Ausland verstorben und hatte weder Wohnsitz noch Aufenthalt in Deutschland, so ist die Zuständigkeit des Amtsgerichts (Berlin-) Schöneberg gegeben.

16.3. *Nachlaßzeugnis nach spanischem Recht; „Acta de Notoriedad"*

Die Zuständigkeit spanischer Gerichte für Nachlaßangelegenheiten deutscher Erblasser ergibt sich aus Art. 63 Ziff. 5 der spanischen Zivilprozeßordnung (L.E.C.).[126] Zuständig ist danach das Gericht des letzten Wohnortes des Erblassers. Auch, wenn ein deutscher Erblasser in Deutschland verstorben ist, besteht in Spanien eine Zuständigkeit für die Erteilung eines Nachlaßzeugnisses. In diesem Fall ist das Gericht zuständig, in dessen Bereich der überwiegende Teil des Vermögens in Spanien belegen ist. Das Verfahren ist langwierig und auch umständlich. Folgende Hinweise lassen dies bereits erahnen: Außer der Sterbeurkunde ist eine Bescheinigung des Zentralen Nachlaßregisters in Madrid vorzulegen, aus der sich ergibt, ob und gegebenenfalls welche letztwilligen Verfügungen des Erblassers vorhanden sind. Weiter beizubringen sind Geburtsurkunden der Antragsteller; sodann

---

[125] Text unten *Anhang D 2 d*, S. 136.
[126] Text unten *Anhang D 3 e*, S. 144.

eine Heiratsurkunde des Erblassers, um gesetzliche Erben feststellen zu können. Schließlich ist der Nachweis über die gesetzliche Erbfolge - bei deutschen Erblassern also gemäß deutschem Recht (Erbstatut - Heimatrecht) - zu führen[127]: durch Vorlage eines Rechtsgutachtens zweier deutscher praktizierender Anwälte oder Notare; dabei ist das Gutachten wie auch die beglaubigte Übersetzung in die spanische Sprache mit der Apostille zu versehen.[128]

Der Erbscheins*antrag* entspricht der in notarieller oder konsularischer Form abzugebenden Erbschafts*annahmeerklärung* (*„Escritura pública de Aceptación de herencia"*). Eine Ausfertigung hiervon ist dem örtlich zuständigen spanischen Gericht erster Instanz (*„Juzgado de Primera Instancia"*) zu übergeben. Dieses befindet dann über die Erbfolge in einem besonderen Beschluß (*„Auto"*).

Das spanische Recht kennt - anders als das deutsche - nicht die Möglichkeit der Ausstellung eines gegenständlich beschränkten Erbscheins, der sich nur auf im Inland belegenes Vermögen erstreckt (§ 2369 BGB). Spanischen Nachlaßzeugnissen kommt daher auch Wirkung für das Ausland zu.

Ist ein deutscher Erblasser mit Vermögen in Spanien verstorben, kann gleichwohl zunächst der Gang zum deutschen Nachlaßgericht angezeigt sein. Ist nämlich kein oder nur ein privatschriftliches Testament vorhanden, so wird das zuständige deutsche Nachlaßgericht das dort beantragte Erbscheinsverfahren ohne größere Probleme betreiben können; es wendet schließlich eigenes, deutsches Erbrecht an. Ein entsprechendes Verfahren in Spanien könnte wohl schon ein Rechtsgutachten zur Feststellung der Erbfolge nach deutschem Recht bedeuten.

---

127 Dieses Erfordernis ist zurückzuführen auf den Umstand, daß nach der spanischen Rechtsprechung ausländisches Recht wie eine *Tatsache* behandelt wird - es muß von den Parteien behauptet und bewiesen werden; anderenfalls hätte der spanische Richter das eigene, spanische Recht anzuwenden (dazu ausführlich *Samtleben* S. 49-52). Für das Erb(scheins)verfahren gilt nichts anderes.

128 In wiederholter Praxis hat sich folgendes Verfahren bewährt: Zwei deutsche Rechtsanwälte geben eine Rechtsbescheinigung über den Inhalt des deutschen Rechts ab, wobei der Notar die Unterschriftsbeglaubigung durchführt und sich auch der Rechtsansicht der Anwälte anschließt.

Hier aufgrund des einfacheren deutschen Erbscheinserteilungsverfahrens als Erbe diesen Weg in Deutschland zu wählen, ist auch im Hinblick auf den Nachlaß in Spanien nicht nachteilig. Denn grundsätzlich kann in Spanien auch mit einem deutschen Erbschein der Nachweis der Erbfolge erbracht werden. Dies setzt allerdings voraus, daß der Erbschein von einem amtlichen Dolmetscher in die spanische Sprache übersetzt und Erbschein sowie Übersetzung je mit der Apostille versehen werden.[129]

Der Erbschein entfaltet volle Beweiskraft für den Tod des Erblassers wie auch für das Bestehen des Erbrechtes.[130]

In Spanien gibt es in Nachlaßangelegenheiten - neben dem Weg zum Gericht - aufgrund des Gesetzes 10/1992 [131] auch die Möglichkeit, ein vereinfachtes *„notarielles Erbscheinverfahren"* durchzuführen. Nach diesem Verfahren (Art. 209*bis* R.N.) ist der Notar zuständig für die Ausstellung der soge-nannten *„Acta de Notoriedad"*, wenn es sich um überschaubare Rechtsbeziehungen zwischen Erblasser und Erben handelt. Namentlich dann, wenn als testamentslose Erben der Ehegatte, die Abkömmlinge oder die Voreltern in Betracht kommen. Zuständiger Notar ist derjenige, an des-sen Sitz der Erblasser seinen letzten Wohnsitz hatte oder aber sich das Ver-mögen des Erblassers befindet. Dies gilt auch für den Fall, daß der Erblasser keinen Wohnsitz in Spanien gehabt hat. Ein jeder der vorgenannten Erben ist befugt, beim Notar zu erscheinen und unter Darlegung der konkreten Umstände des Erbfalls und Vorlage der entsprechenden Dokumentation die *„Acta de Notoriedad"* zu beantragen.

Im notariellen Erbscheinverfahren (*Acta de Notoriedad*) müssen folgende Urkunden vorgelegt werden:

- Reisepaß oder Personalausweis des Erblassers.
- Internationale Sterburkunde (s. oben Kapitel 16.1.).

---

[129] Vgl. dazu oben Fn. 128.
[130] Vgl. §§ 2365, 2366 BGB.
[131] Real Decreto No. 10/1992 vom 30.4.1992, B.O.E. vom 5.5.1992 No. 108.

- Negativbescheinigung des Spanischen Zentralen Nachlaßregisters (Madrid).
- Familienbuch oder Bescheinigungen des Standesamtes über die Verwandtschaft (z.B. Geburtsurkunde) oder über die Ehe (internationale Heiratsurkunde); in der Regel allerdings genügt die Vorlage des Familienbuches.
- mindestens zwei Zeugen müssen mit einem der Miterben die Richtigkeit dessen bekunden, was der Mit- oder Alleinerbe in der notariellen Urkunde erklärt.
- Ist der Erblasser aus spanischer Sicht *Ausländer* und findet aufgrund der deutschen Staatsangehörigkeit des Erblassers deutsches Recht Anwendung, empfiehlt es sich, zugleich auch eine Rechtsbescheinigung zweier deutscher Rechtsanwälte[132], versehen mit notarieller Unterschriftsbeglaubigung und der Apostille, vorzulegen, aus der ersichtlich ist, wie sich die Erbfolge nach deutschem Recht bei Nichtvorliegen eines Testaments gestaltet.

Das hier aufgezeigte *notarielle Erbscheinverfahren* in Spanien ist besonders für jene Nachlaßfälle von Bedeutung, in denen Erbe und Erblasser ihren Lebensmittelpunkt nach Spanien verlegt haben. In diesen Fällen müssen nicht aufwendige Reisen nach Deutschland vorgenommen werden, um das Erbscheinverfahren bei dem letztlich für deutsche Staatsangehörige zuständigen Amtsgericht Berlin-Schöneberg zu betreiben.

16.4. Erbschaftsannahmeerklärung

Nach deutschem Recht braucht der oder die Erben - wie oben 16.1. erwähnt - keine ausdrückliche Erbschaftsannahmeerklärung abzugeben, um wirksam in die Rechtsstellung des Erben einzutreten. Denn nach § 1922 BGB geht das Vermögen des Erblassers mit seinem Tode auf den oder die Erben über - ohne deren Zutun. Doch empfiehlt sich für den Erben eines Erblassers mit u.a. in Spanien belegenem Vermögen im Hinblick auf die dortige Regelung, Erfordernis einer Erbschaftsannahmeerklärung (Art. 988 f. CC)[133], eine ent-

---

132 Vgl. oben bei Fn. 128 f.
133 Oben Kapitel 16.3., S. 63.

sprechende Erklärung notariell beurkunden zu lassen. Im Falle von Grund-besitz ist die Erklärung zu notarieller Urkunde gar zwingend erforderlich, um überhaupt als Erbe im Eigentumsregister/Grundbuch eingetragen werden zu können.[134] Dabei ist es erforderlich, die Erbschaftsannahmeerklärung vor einem spanischen Notar protokollieren zu lassen[135]; dieser wird die Erklä-rung im übrigen so formulieren , daß sie zu einer reibungslosen Umschrei-bung im Eigentumsregister/Grundbuch führt. Ein deutscher Notar dagegen dürfte in der Regel nicht über entsprechende Kenntnisse des spanischen formellen Eigentumsregisterrechts/Grundbuchrechts verfügen, um den Rechtsübergang in Spanien formell einleiten zu können.

Hat etwa ein deutscher Erblasser sein Testament vor einem spanischen Notar errichtet, ist dieses zweckmäßigerweise auch dort zu eröffnen - ebenfalls vor einem spanischen Notar. Er benötigt in diesem Fall eine Bescheinigung des Zentralen Nachlaßregisters, daß keine andere als die ihm vorliegende letztwillige Verfügung des Erblassers getroffen wurde (vgl. oben Kapitel 16.3., S. 65 f.). Diese Bescheinigung kann erst 15 Tage nach dem Tode des Erblassers beim Zentralregister in Madrid angefordert werden.. Dabei ist stets eine Sterbeurkunde beizufügen sowie nähere Angaben über die Person des Antragstellers wie auch über seine Beziehungen zum Erblasser zu machen. In aller Regel wird der spanische Notar vom testamentarisch eingesetzten Erben - nach den Voraussetzungen des spanischen Rechts - eine ausdrückliche Erbschaftsannahmeerklärung (Art. 988 CC, oben S. 65) verlangen. Streng genommen ist dies nicht erforderlich; Erbstatut nach dem deutschen Erblasser ist deutsches Recht (Heimatrecht). Und danach gilt die Erbschaft als angenommen, wenn nicht innerhalb der gesetzlichen Frist ausgeschlagen wird. Sich aber gegenüber dem eingeschalteten spanischen Notar allein darauf zu berufen, dürfte in der Praxis nicht zum gewünschten Erfolg führen.

Sind mehrere Miterben vorhanden, so wird in der notariellen Urkunde auch die Erbteilung (*„Adjudicación"*) durchgeführt werden. Diese Urkunde - in Verbindung mit dem notariellen Testament - legitimiert den einzelnen Erben

---

[134] Art. 14 L.H. (Hypothekengesetz, Text unten *Anhang D 3 b,* S. 142), Art. 76 f. R.H.(Hypothekenverordnung).
[135] Zur Praxis ebenso *Gantzer* S. 88.

gegenüber (spanischen) Behörden und Dritten. Unter Vorlage dieser Urkunden - und nach Zahlung der spanischen Erbschaftsteuern (dazu Kapitel 27., S. 101-116) - kann beispielsweise beim Eigentumsregister die Umschreibung von Eigentumsrechten beantragt oder bei spanischen Banken die Auszahlung von Guthaben erreicht werden.

17. Generelles zum Nachlaßverfahren

17.1. Konkurrierende internationale Zuständigkeit

Besteht eine konkurrierende internationale Zuständigkeit (vgl. oben Kapitel 16.2., S. 61), können sowohl deutsche als auch ausländische Gerichte zuständig werden. Ob im Einzelfall ein deutsches oder ein spanisches Gericht tätig wird, hängt zum einen von der Anrufung durch die beteiligten Erben und Gläubiger ab. Ein anderer Aspekt ist insoweit das Prinzip der *faktischen Macht der größeren Nähe.* Deutlich wird dies in folgendem Fall: Ein deutscher Erblasser mit letztem ständigen Wohnsitz in Spanien ist verstorben, und sein Nachlaß besteht nur aus dort belegenem Grundbesitz. Dann sprechen viele Gesichtspunkte für eine Regelung der Nachlaßmaßnahmen allein durch die dortigen, die spanischen Behörden und Gerichte. In der Praxis kann man davon ausgehen, daß das Verfahren und auch Entscheidungen unterschiedlich ausfallen (können), je nachdem, welches nationale Gericht und welche Behörden eingeschaltet werden.

17.2. Haftungsbeschränkung

Die Geltung deutschen Erbrechts für die Erbfolge nach einem deutschen Erblasser (*Erbstatut ist deutsches Recht*) bedeutet auch, daß die sich im Zusammenhang mit dem Erbgang ergebenden Fragen gleichfalls nach deutschem Recht zu lösen sind. Damit sind jedoch die ausländischen Gerichte, Behörden und Notare nicht selten überfordert. Es läßt sich deshalb vielfach beobachten, daß nicht die - an sich maßgeblichen - deutschen Regeln angewendet werden, sondern die am ausländischen Belegenheitsort geltenden *(lex rei sitae)* [136].

---

[136] Sog. "Heimwärtsstreben" der Gerichte "aller Länder", nach *Kegel* § 2 II 3 c (S. 114) zwar "verständlich, wenn auch nicht zu rühmen", "verletzt aber keine Regel des Völkerrechts" (*ders.* § 1 IV 1 [S. 12]), und beruhe zum Teil auf diesem Interesse: "Lieber das eigene Recht richtig als ein fremdes Recht vielleicht ganz falsch anwenden!" (*ders.* " 2 II 3 c [S. 115 u.]).

So wird, wenn etwa die Erbabwicklung nur in Spanien stattfindet, die Haftungsbeschränkung der Erben auf den Nachlaß in der Regel nach den dort geltenden, den spanischen Vorschriften bewirkt, also durch Inventarerrichtung vor dem Notar oder Richter (Art.1001 CC, dazu unten Kapitel 20.3., S. 80). Das deutsche Recht kennt das Rechtsinstitut der Inventarerrichtung zwar auch (§ 1933 BGB, dazu unten Kapitel 20.3., S. 80). Es mißt ihm jedoch nicht die Rechtswirkung der Haftungsbeschränkung auf den Nachlaß bei. Zu diesem Zweck sieht das deutsche Recht die Anordnung einer Nachlaßpflegschaft oder die Eröffnung eines Nachlaßkonkurses vor (§ 1975 BGB). Im einzelnen kommen im Rahmen eines Nachlaßverfahrens v.a folgende Maßnahmen in Betracht:

- solche zur Sicherung, Feststellung und Sammlung des Nachlasses;
- zur Ermittlung der Erben und der sonstwie am Nachlaß berechtigten Personen;
- die Verteilung des Nachlasses sowie
- Maßnahmen zum Schutz der Nachlaßgläubiger.

Als die wichtigsten *Sicherungsmittel* nennt § 1960 BGB die Versiegelung des Nachlasses; Hinterlegung von Geld, Wertpapieren und Kostbarkeiten; Aufnahme eines Nachlaßverzeichnisses sowie die Anordnung einer Nachlaßpflegschaft.

Eine generelle Pflicht zur *Ermittlung der Erben* besteht für deutsche Nachlaßgerichte nicht. Die Erteilung eines Erbscheines setzt - wie oben Kapitel 16.2., S. 61 erwähnt - einen Antrag voraus. Allerdings sind die Nachlaßgerichte bei Testamenten verpflichtet, diese im Wege eines förmlichen Ver-fahrens zu eröffnen (§ 2260 BGB).

In das Verfahren zur *Verteilung des Nachlasses* wird das Nachlaßgericht nur einbezogen, wenn sich die Erben nicht einigen können. Dabei wird das Nachlaßgericht nur - als "Schlichter" - vermittelnd tätig.[137]

---

[137] S . im einzelnen §§ 86 ff. FGG.

Maßnahmen zum *Schutz der Nachlaßgläubiger* kennt das deutsche Recht nur in begrenztem Umfange. So besteht die Möglichkeit einer Prozeßpflegschaft (§ 1961 BGB). Bei Überschuldung des Nachlasses *können* die deutschen Nachlaßgerichte tätig werden: Die Nachlaßgläubiger können im Wege des Aufgebots aufgefordert werden, ihre Forderungen bei dem Amtsgericht, welches als Nachlaßgericht zuständig ist, binnen einer bestimmten Frist anzumelden.

17.3. Internationale Rechtshilfe

In Fällen eines deutschen Nachlasses in Spanien sieht bereits Art. 11 des deutsch-spanischen Konsularabkommens von 1870 (oben Kapitel 1.4, S. 6) Nachlaßsicherungsmaßnahmen vor, die in Spanien angeordnet werden können.

Zudem sind sich Spanien und die Bundesrepublik Deutschland als Mitglieder des *Haager Abkommens über den Zivilprozeß*[138] gegenseitig auch in deutsch-spanischen Nachlaßangelegenheiten zur Rechtshilfe verpflichtet, also mittelbar auch zur Nachlaßsicherung.

Gemäß Art. 37a des *Wiener Konsularabkommens* vom 24.04.1963 [139] besteht die Verpflichtung Spaniens, beim Tode eines deutschen Staatsangehörigen das zuständige deutsche Konsulat zu verständigen Zu den konsularischen Aufgaben der Bundesrepublik Deutschland in Nachlaßsachen gehört es, die Interessen von deutschen Angehörigen „nach Maßgabe der Gesetze und sonstigen Rechtsvorschriften" Spaniens zu wahren. Dies gilt sowohl für natürliche als auch für juristische Personen (Art. 5 g).

---

[138] Abkommen vom 1.3.1954 (vgl. *Jayme/Hausmann* Nr. 106 [S. 444]); für Deutschland in Kraft seit 1.1.1960 (BGBl. 1959 II, S. 1388). Im Verhältnis zu Spanien gilt es seit 19.11.1961 (BGBl. 1961 II, S. 1660).
[139] BGBl. 1969 II, S. 1585.

17.4. Maßnahmen nach spanischem Recht

Im Falle des Todes einer Person ist der Vermieter bzw. ein Mitbewohner nach Art. 963 der spanischen Zivilprozeßordnung[140] verpflichtet, staatliche Stellen davon zu unterrichten, wenn die Person verstorben ist, ohne Testament oder ohne Angehörige zu hinterlassen. Kommen die genannten Personen ihrer Mitteilungspflicht nicht nach, und entstehen hierdurch Schäden, sind sie insoweit haftbar.

Befinden sich keine Angehörigen des Verstorbenen an Ort und Stelle, so kann der Nachlaßrichter die unbedingt notwendigen Maßnahmen anordnen, wie etwa das Begräbnis des Toten, die Sicherung seiner Nachlaßgüter oder Mitteilung vom Ableben an die gesetzlichen oder eingesetzten Erben.

Das spanische Recht kennt - anders als das deutsche Recht in § 2369 BGB - keinen Fremdrechtserbschein, wodurch die Erbfolge nach ausländischem Recht bezeugt würde.[141] Spanische Erbzeugnisse beziehen sich dementsprechend nicht allein auf in Spanien belegenes Vermögen. Dies gilt, selbst wenn der Erblasser ein Ausländer ist.

---

[140] Ley de Enjuiciamiento Civil (L.E.C.) vom 3.2.1881 (Gaceta Nr. 36-58 vom 5.2.-22.2.1881).

[141] Vgl. oben Kapitel 16.3., S. 63.

18. Erbengemeinschaft und Erbauseinandersetzung

18.1. Erbengemeinschaft

Die Erbengemeinschaft ist in den §§ 2032-2063 BGB bzw. in Art. 1051 ff. CC geregelt. Dabei ist die Miterbengemeinschaft des spanischen Rechts der des deutschen nachgebildet.[142]

Es handelt sich in beiden Rechten um eine Gemeinschaft zu gesamten Hand: Keinem der Miterben gehört ein bestimmter Nachlaßgegenstand allein oder zu einem bestimmten Bruchteil; auch können alle Miterben nur gemeinsam über einen Nachlaßgegenstand verfügen. Aufgrund der gesamthänderischen Bindung wird der Nachlaß zu einem Sondervermögen; dieses ist rechtlich getrennt vom sonstigen Vermögen der Erben. Des weiteren steht bis zur Auseinandersetzung des Nachlasses das Recht zur Verwaltung allen Miterben gemeinschaftlich zu (§ 2038 Abs. 1 Satz 1 BGB)[143]. Sämtliche Miterben sind zur ordnungsgemäßen Verwaltung verpflichtet. Bei notwendigen Maßnahmen hat der einzelne Miterbe auch dann mitzuwirken, wenn er von der Mehrheit überstimmt worden ist. Lediglich bei Notmaßnahmen (vgl. § 2038 Abs. 1 Satz 2 BGB) dürfen Noterhaltungsmaßnahmen von jedem Miterben allein getroffen werden.

Als *erbrechtliches* Institut unterliegt die Miterbengemeinschaft dem allgemeinen Erbstatut. Ist der Erblasser deutscher Staatsangehöriger, so richten sich Pflichten und Rechte der Erbengemeinschaft folglich nach deutschem Recht. Dem ist selbst dann so, wenn das Nachlaßvermögen ganz oder zum Teil in Spanien belegen ist.

---

[142] Vgl. *O'Callaghan Muñoz*, S. 80; *Brunner* S. 85 mit ausführlichem Nachweis.

[143] Im Interesse einer funktionierenden Verwaltung sieht das Gesetz das Mehrheitsprinzip vor, wobei sich die Stimmenmehrheit nach den formalen Erbquoten richtet (§ 745 Abs. 1 BGB).

18.2. Erbauseinandersetzung

Ein jeder Miterbe hat einen Erbteilungsanspruch und kann somit grund-
sätzlich jederzeit die Auseinandersetzung des Nachlasses verlangen (§ 2042
Abs. 1 BGB). Der Erblasser kann jedoch letztwillig anordnen, daß die
Erbengemeinschaft für einen bestimmten Zeitraum fortbestehen soll. Um-
gekehrt kann der Erblasser auch Teilungsanordnungen hinsichtlich des
Nachlasses bezüglich einzelner Miterben bestimmen.

Eine *Teilungsklage* eines oder mehrerer Miterben kommt in Betracht, wenn
eine Einigung zwischen den Erben über die Auseinandersetzung des Nachlasses nicht erzielt werden kann. Gehören Immobilien zum Nachlaß, kann
sich eine *Teilungsversteigerung* anbieten.

Die Regeln für die Erbauseinandersetzung im einzelnen richten sich nach
dem allgemeinen Erbstatut. Daneben ist aber, insbesondere bei Immobilien,
auch das Statut der belegenen Sache (*lex rei sitae*) zu beachten. Hat etwa ein
deutscher Erblasser ein Grundstück in Spanien hinterlassen und soll dann
nach dem Willen eines oder mehrerer Erben eine Teilungsversteigerung vorgenommen werden, so gilt hier der spanische Rechtsweg, da sich die
belegene Sache - das Nachlaßgrundstück - in Spanien befindet.

Im Rahmen der Erbauseinandersetzung, die sich auf bzw. in Spanien
auswirkt, ist auch stets der spanische *ordre public* („orden público") zu
berücksichtigen.[144] So gesteht das spanische Recht den Miterben das Recht
zu, die Erbauseinandersetzung sofort zu verlangen (Art. 1051 CC).

---

[144] Worauf *Brunner* S. 91 zu Recht hinweist.

19. Testamentsvollstreckung in Fällen mit Auslands-berührung

19.1. Allgemeines - Aufgaben des Testamentsvollstreckers

Die Abwicklung internationaler Nachlässe ist in verschiedener Hinsicht schwierig: einmal wegen der mehreren - nebeneinander - anwendbaren Rechte. Zum anderen kann sich bei Testamentsvollstreckungen mit Auslandsberührung die Anerkennung und Verwendung von Urkunden im Ausland als problematisch erweisen. Eine solche Urkunde ist etwa das Testamentsvollstreckerzeugnis (vgl. § 2368 BGB). Es dient zur Legitimation des Testamentsvollstreckers gegenüber Dritten; mit Hilfe dieses Zeugnisses können Testamentsvollstrecker ihre Funktion ausüben.

Stellung und Aufgaben des Testamentsvollstreckers bestimmen sich nach dem auf den Erbfall anwendbaren Recht, dem maßgeblichen Erbstatut. So richtet sich die von einem deutschen Erblasser verfügte Testaments-vollstreckung - auch hinsichtlich des in Spanien belegenen Nachlasses - nach deutschem (Sach-)Recht.[145]

Überblicksmäßig gehören zu seinen wesentlichen Aufgaben - nach deutschem wie auch nach spanischem Recht:

- die Errichtung des Inventars[146];
- die Inbesitznahme, Verwaltung und Verteilung des Nachlasses [147];
- die Beitreibung von Schulden sowie
- die Prozeßführung.[148]

Kurz: Die Abwicklung des Nachlasses unter Beachtung der Gesetze und des letzten Willens des Erblassers. Dazu zieht der Testamentsvollstrecker die

---

[145] Dazu ausführlich *Haegele/Winkler* Rn. 16 f.; *Schwarz*, RIW 1977, 757.
[146] § 2215 BGB, „Nachlaßverzeichnis".
[147] §§ 2204, 2205 BGB.
[148] §§ 2212, 2213 BGB.

Außenstände ein und führt die letztwilligen Verfügungen des Testators durch. Schließlich bewirkt er die Auseinandersetzung unter den Miterben. So kann Streit zwischen diesen über die Verteilung vorgebeugt werden. Denn nach deutschem Recht trifft der Testamentsvollstrecker seine Verfügungen/Anordnungen grundsätzlich selbständig. Insbesondere ist er an Weisungen oder Wünsche der Erben bei Ausübung seines Amtes nicht gebunden.

Ob der Erblasser die Testamentsvollstreckung anordnen sollte, hängt auch vom Einzelfall ab.[149] Zweckmäßig erscheint sie insbesondere bei einer schwierigen und voraussichtlich lange dauernden Verwaltung und Auseinandersetzung eines Nachlasses. Oder bei einer größeren Zahl von Erben. Aber auch andere Gründe sind bei der möglichen Anordnung der Testamentsvollstreckung von Bedeutung. Zu den Kostengesichtspunkten gehört der Hinweis, daß Auslagen des Testamentsvollstreckers nach § 10 Abs. 5 Ziff. 3 des Erbschaftsteuergesetzes (ErbschStG) als Nachlaßverbindlichkeit abzugsfähig sind. Umfaßt werden insoweit Anwaltshonorare wie auch die Testamentsvollstreckungskosten. Von mitausschlaggebender Bedeutung sind auch die Pflichten des Testamentsvollstreckers gegenüber der Finanzverwaltung. So hat er im Rahmen seines Verwaltungsrechts alle Steuerpflichten des von ihm verwalteten Vermögens zu erfüllen; dafür haftet er auch persönlich. Zudem treffen ihn bestimmte Anzeigepflichten gegenüber dem Finanzamt. Schließlich hat er die Erbschaftsteuererklärung abzugeben sowie fällige Steuern zu begleichen.

---

149 Erfolgt eine entsprechende Anordnung, sollte der Erblasser den oder die Testamentsvollstrecker sowie Ersatzvollstrecker eindeutig benennen. Problematisch wäre es etwa, „das Nachlaßgericht zu ermächtigen, für den Fall der Verhinderung [des benannten Testamentsvollstreckers] eine andere geeignete Persönlichkeit zu ernennen". Denn für das spanische Recht verneint die h.M., daß der Testamentsvollstrecker durch einen Dritten eingesetzt werden kann - im Hinblick auf den Wortlaut des Art. 892 CC: „El testador podrá nombrar uno o más albaceas" sowie den höchstpersönlichen Charakters des Testaments (Art. 670 CC: „*El testamento es un acto personalissimo*"); statt vieler vgl. *Puig Brutau* S. 438 m.w.N.

19.2. Testamentsvollstreckerzeugnis

Ein von einem deutschen Nachlaßgericht ausgestelltes Testamentsvollstreckerzeugnis (§ 2368 BGB) beruht auf einer deutschen Amtshandlung: Auch in einem Erbfall mit Auslandsberührung ist - in einem Verfahren der freiwilligen Gerichtsbarkeit - ein deutscher Amtsträger tätig geworden. Hier fragt sich, ob das deutsche Testamentsvollstreckerzeugnis in Spanien ohne weiteres anerkannt wird? Und: Inwieweit kann der so [amtlich] bestellte oder zumindest amtlich bestätigte Testamentsvollstrecker im Rahmen seiner Funktion in Spanien tätig werden?

19.3. Testamentsvollstreckung nach spanischem Recht

Das spanische Recht kennt zunächst die Rechtsfigur des Testamentsvollstreckers (*„albacea"*; Art. 892 CC) sowie die des Nachlaßteilers (*„contador/partidor"*; Art. 1057 CC).

Dem Testamentsvollstrecker kommt nach beiden Rechten eine ähnliche Funktion zu; doch gibt es in der rechtlichen Ausgestaltung erhebliche Unterschiede. So ist der spanische *„albacea"* nicht befugt, über Nachlaßgegenstände zu verfügen (vgl. Art. 907 CC)[150]. Seine Tätigkeitsdauer ist grundsätzlich auf ein Jahr befristet, wenn auch mit Verlängerungsmöglichkeit. Der Aufgabenbereich des spanischen Testamentsvollstreckers (Art. 902 CC) läßt sich in etwa wie folgt umschreiben:[151]

> *„Die Durchführung des Begräbnisses des Erblassers sowie die Bestellung und die Bezahlung der Totenmesse;*
> *die Auszahlung der in Bargeld bestehenden Vermächtnisse;*

---

[150] S.a. die Ausnahme des Art. 903 CC: Verkauf der beweglichen Güter durch den Testamentsvollstrecker, wenn im Nachlaß nicht genug Geld für Trauerfeier und Vermächtnisse vorhanden ist und die Erben es nicht von ihrem Geld beitragen (dazu *O'Callaghan Muñoz* S. 276).

[151] Vgl. *Rudolph*, MittRhNotK 1990, 100.

die Überwachung der Ausführung aller übrigen letztwilligen Anordnungen, gegebenenfalls auch die Erhaltung der Wirksamkeit des Testaments im Rechtsweg."[152]

Innerstaatliche Behörden orientieren sich, wenn es um die Abwicklung von Nachlässen auf ihrem eigenen Gebiet geht, naturgemäß zunächst an den ihnen bekannten Rechtsfiguren des eigenen Rechts. Verständlich sind daher Schwierigkeiten, wenn im Einzelfall eine andere, eine fremde Rechtsordnung maßgeblich ist, welche andere Gestaltungsformen vorsieht. Erleich-terungen für beide Seiten können hier internationale Verträge schaffen.

19.4. *Haager Abkommen über die internationale Abwicklung von Nach-lässen*

Um die aufgezeigten praktischen Schwierigkeiten, insbesondere bei Anwendung fremden Rechts und Verwendung ausländischer Urkunden im eigenen Staat, zumindest „abzumildern", ist das *Haager Abkommen über die internationale Abwicklung von Nachlässen* [153] (vom 2. Oktober 1973) abgefaßt worden. Bislang sind jedoch weder die Bundesrepubik Deutschland noch das Königreich Spanien beigetreten.

Das Abkommen betrifft nur beweglichen Nachlaß. Dabei regelt es zunächst grundsätzlich die Frage nach einer international gültigen Legitimation in Nachlaßsachen, das „*Internationale Zeugnis*". Dann die nach der Zuständigkeit, welche Behörde zur Ausstellung des *Internationalen* Zeugnisses befugt sein soll.

Der gerade in der Praxis bedeutsamere Teil der internationalen Fragen des *unbeweglichen* Nachlasses konnte demgegenüber noch nicht übereinstimmend gelöst werden. Im Hinblick darauf sei hier von weiterer Dar-

---

152 Vgl. *O'Callaghan Munoz* S. 275, 277 („las obligaciones ... se reducen a dos esenciales: cumplir el encargo, es decir, ejecutar las disposiciones testamentarias, y dar cuenta"). Zu eng damit *Gantzer* S. 89, nach dem der *albacea* „praktisch nur eine *Überwachungsfunktion*" hat.

153 Dazu ausführlich *Lipstein*, RabelsZ 1975, 29-55; *Berendonk* S. 159-167, s.a *Kegel*.§ 21 V 3 d (S. 784 f.).

stellung abgesehen; auch weil das Abkommen für Deutschland und Spanien noch nicht in Kraft getreten, damit in Kürze auch nicht zu rechnen ist.

19.5. Testamentsvollstreckung in Spanien aus praktischer Sicht

Bei Geltung deutschen Erbstatuts kann es auf Verwendung des von einem deutschen Nachlaßgericht ausgestellten Testamentsvollstreckerzeugnisses (vgl. oben Kapitel 19.1., 19.2., S. 74 f.) in Spanien ankommen. Dazu muß es in beglaubigter Form in die spanische Sprache übersetzt, sodann beide Urkunden - Ausfertigung sowie Übersetzung - mit der *Apostille* nach dem Haager Abkommen versehen werden. In der Praxis hat es sich insoweit als zweckmäßig erwiesen, eine Rechtsbescheinigung zweier deutscher Rechtsanwälte oder Notare ausstellen zu lassen[154], die die rechtlichen Befugnisse des Testamentsvollstreckers nach deutschem Recht näher umschreibt und dabei ausdrücklich dessen Befugnis erwähnt, ohne Mitwirkung der Erben verfügen zu können.[155] Neben der Verwaltungs-, Verfügungs- und Prozeßführungsbefugnis des Testamentsvollstreckers sollte auch die Tatsache erwähnt sein, daß das Testamentsvollstreckerzeugnis nach deutschem Recht *öffentlichen Glauben* genießt (§§ 2368 i.V.m. 2366 BGB). Diese Bescheinigung ist ebenfalls in spanischer Sprache (beglaubigte Übersetzung) und mit Apostille versehen vorzulegen.

Insgesamt kann ein Testamentsvollstrecker nach deutschem Recht (d.h. deutschem Erbstatut) in Spanien nur innerhalb seiner ihm vom deutschen Recht eingeräumten Befugnisse tätig werden und dementsprechend seine Funktionen ausüben (dazu Kapitel 19.1, S. 74 f.).

---

154 Ähnlich dem Nachweis der gesetzlichen Erbfolge, oben Kapitel 16.3., S. 63, Fn.128.
155 Vgl. oben Kapitel 19.1., S. 74.

20. Haftung für Nachlaßverbindlichkeiten

20.1. Anwendbares Recht - Erbstatut

Die Haftung für Nachlaßverbindlichkeiten beurteilt sich nach dem Erbstatut.[156] Dieses entscheidet darüber, *welche* Schuld als Nachlaßschuld
anzusehen ist, *wer* haftet und in welchem *Umfang.*

Nach dem bei deutschen Erblassern maßgeblichen deutschen Recht haftet
der Erbe für Nachlaßverbindichkeiten unbeschränkt[157], also auch mit seinem
Privatvermögen. Üblicherweise wird Erben - bei aller Pietät und
persönlicher Zuneigung zum Erblasser - der Sinn eher nach Vermehrung des
eigenen Vermögens stehen, kaum aber nach dessen Verminderung bei
Annahme der Erbschaft mit einem eventuell überschuldeten Nachlaß. Sie
werden daher schon bei geringen Zweifeln, ob die Aktiva der Erbmasse die
Passiva übersteigen, Maßnahmen zur Beschränkung ihrer Haftung ergreifen
oder aber gleich die Erbschaft ausschlagen.

20.2. Erbausschlagung

Die Frage, ob und wie die Annahme der Erbschaft durch Ausschlagungserklärung verweigert werden kann, bestimmt sich ebenfalls nach dem
Erbstatut.[158] Sowohl das deutsche wie auch das spanische Recht sehen
entsprechende Regelungen über die Erbausschlagung vor.
Bei deutschen Erblassern richtet sich die Ausschlagung also nach materiellem deutschen Recht. Sie erfolgt durch Erklärung gegenüber dem Nachlaßgericht, und zwar zur Niederschrift des Gerichts oder in öffentlich beglaubigter Form (§ 1945 Abs. 1 BGB). Wenn die Erklärung im Ausland abgegeben wird, genügt nach Art. 11 EGBGB die Einhaltung der dortigen Orts-

---

[156] BGHZ 9, 151; *Kegel* § 21 II (S. 765); *Lüderitz* Rz. 415.
[157] § 1967 BGB; nach der im BGB gewählten Lösung haftet der Erbe vorläufig unbeschränkt, aber beschränkbar, s. nur *Palandt/Edenhofer*, Einf. v. § 1967 Rz. 2.
[158] Statt vieler *Kegel* § 21 II (S. 764).

form. Geschieht dies in Spanien, so hat die Ausschlagung den Formerfordernissen des Código Civil zu entsprechen: Sie muß in öffentlicher oder
öffentlich beglaubigter Urkunde erfolgen, oder aber durch ein Schriftstück,
welches dem zur Entscheidung über die gesetzliche oder testamentarische
Erbfolge berufenen Richter vorgelegt wird, Art. 1008 CC.[159]

Die Ausschlagung der Erbschaft kann nur innerhalb einer bestimmten *Frist*
erklärt werden. Die Frist beträgt grundsätzlich sechs Wochen - gerechnet ab
Kenntniserlangung des Erben vom Erbfall und vom Grund seiner Berufung
(§ 1944 Abs. 1, 2 BGB). Hatte der Erblasser seinen letzten Wohnsitz nur im
Ausland, so beträgt die Frist sechs Monate; ebenso, wenn sich der Erbe bei
Fristbeginn im Ausland aufhält (§ 1944 Abs. 3 BGB).

Hervorzuheben ist schließlich, daß die Ausschlagung nicht unter einer
Bedingung erklärt werden darf, etwa nur für den Fall, daß der Nachlaß
überschuldet sei.

20.3. Haftungsbeschränkung

Nach deutschem Erbrecht bestehen folgende Möglichkeiten, zunächst um
sich Klarheit zu verschaffen, ob eine Haftungsbeschränkung sinnvoll ist,
sodann über die Haftungsbeschränkung selbst:[160]

1. *Dreimonatseinrede*
   Der Gesetzgeber räumt dem Erben eine gewisse Überlegungszeit ein, um
   Aktiva und Passiva des Nachlasses kennenzulernen; sogenannte Drei-
   monatseinrede, § 2014 BGB.

2. *Aufgebotsverfahren*
   Dieses dient dem Zweck, eventuelle Gläubiger zur Anmeldung ihrer For-
   derungen aufzufordern (§§ 1970-1974 BGB, 949 ff., 989 ff. ZPO). Mit
   Rechtskraft des Ausschlußurteils haftet der Erbe gegenüber ausge-

---

[159] Nach Art. 1008 CC muß die Ausschlagung immer *ausdrücklich* erfolgen.
[160] Zu den einzelnen Maßnahmen s. etwa *Leipold*, S. 227-229.

schlossenen Gläubigern nur mit dem Nachlaß, nicht aber mit seinem Privatvermögen, wenn er die Erschöpfungseinrede erhebt (§ 1973 BGB).

3. *Gläubigersäumnis*

Solche Nachlaßgläubiger, die ihre Forderungen erst nach einem Zeitraum von fünf Jahren geltend machen, werden wie solche Gläubiger angesehen, die im Aufgebotsverfahren ausgeschlossen worden sind („Verschweigung"; § 1974 BGB).

4. *Inventarerrichtung*

Die Inventarerrichtung nach deutschem Recht (§ 1993-2013 BGB) bewirkt - anders als die nach spanischem Recht (Art. 1023 CC) - nicht die Beschränkung der Haftung auf den Nachlaß. Sie empfiehlt sich jedoch im Zusammenhang mit der Nachlaßverwaltung und dem Nachlaßkonkurs (dazu im Anschluß) sowie dem Nachlaßvergleich.

5. *Nachlaßverwaltung*

Eine gerichtliche Anordnung der Nachlaßpflegschaft zum Zwecke der Befriedigung der Nachlaßgläubiger („Nachlaßverwaltung", § 1975 BGB) beschränkt die Haftung des Erben für Nachlaßschulden auf den Nachlaß. Antragsberechtigt sind der Erbe wie auch die Gläubiger (§ 1981 BGB).

6. *Nachlaßkonkurs*

Bei Kenntnis von Überschuldung des Nachlasses hat der Erbe Nachlaßkonkurs zu beantragen (§§ 1980 BGB, 214 ff. KO)[161]. Das Verfahren im einzelnen richtet sich nach der Konkursordnung. Der Konkurs führt zu einer Trennung der Vermögensmassen (Nachlaß und Eigenvermögen des Erben) und zur Haftungsbeschränkung auf den Nachlaß (§ 1975 BGB). Eine Haftung des Erben mit seinem Eigenvermögen findet auch dann nicht statt, wenn der Konkurs durch Verteilung der Masse beendet ist (§§ 1989 i.V.m. 1973 BGB).

---

[161] Verletzt der Erbe die Pflicht, Nachlaßkonkurs zu beantragen, ist er gem. § 1980 Abs 1 S. 2 BGB schadensersatzpflichtig.

7. *Dürftigkeitseinrede*

Bei offensichtlicher Überschuldung des Nachlasses derart, daß keine
Mittel für die Nachlaßverwaltung oder die Eröffnung eines Nachlaßkonkurses vorhanden sind, empfiehlt sich für den Erben, die Einrede der
Dürftigkeit des Nachlasses gegenüber den Gläubigern zu erheben. In
diesem Fall ist er allerdings zur Herausgabe des Nachlasses gegenüber
den Gläubigern verpflichtet (§ 1990 BGB).

Nach *spanischem* Recht kann der Erbe die Annahme der Erbschaft *ohne*
Haftungsbeschränkung erklären (Art. 1003 CC). Dann haftet er für Nachlaßschulden nicht nur mit dem Nachlaß, sondern auch mit seinem eigenen
(auch zukünftigen) Vermögen. Aus Art. 1023 CC ist zu schließen, daß sich
dann beide Vermögensmassen zu einer einzigen vereinigen. Nimmt der Erbe
indes *mit* Haftungsbeschränkung an, so haftet er nur mit dem Nachlaßvermögen (Art. 1023 CC).[162]

---

[162] Vgl. etwa *O'Callaghan Muñoz* S. 45-47.

21. Pflichtteilsansprüche

Etwaige Pflichtteilsansprüche beurteilen sich nach dem Recht, welches für die Erbfolge insgesamt gilt, dem *Erbstatut*. Pflichtteilsrechte, die den Nachlaß eines deutschen Erblassers betreffen, richten sich also nach deutschem Recht.

21.1. *Pflichtteilsansprüche nach BGB*

Die gesetzliche Regelung findet sich in den §§ 2303 - 2338a BGB.[163] Danach besteht der Pflichtteil des deutschen Rechts in der Hälfte des Wertes des gesetzlichen Erbteils (§ 2303 Abs.1 S. 2 BGB).[164] Seiner Art nach ist der Pflichtteilsanspruch ein *reiner Geldanspruch*. Der Pflichtteil kann nach deutschem Recht grundsätzlich nicht entzogen werden. Allerdings muß der Anspruch ausdrücklich vom Berechtigten gegenüber den Erben geltend gemacht werden.

21.2. *Noterbrechte nach gemeinspanischem Recht*

Das Recht auf den *Noterbteil* nach dem (gemein)spanischen Código Civil (*„legítima"*) unterscheidet sich wesentlich vom Pflichtteilsrecht nach dem BGB. Bei Beurkundung eines deutschen Testaments vor einem spanischen Notar kann es im Zusammenhang mit der erbweisen Umschreibung von Grundeigentum dann zu Problemen kommen, wenn Pflichtteilsberechtigte durch den deutschen Erblasser enterbt werden. Denn der spanische Noterbe hat die Stellung eines gesetzlichen Erben[165], d.h. der Noterbe kann gerade nicht ganz enterbt werden. Daraus erklärt sich das Spannungsfeld für den spanischen Notar im genannten Fall.

---

163 Daneben ist auf Sondervorschriften hinzuweisen, v.a. § 1371 BGB (vgl. § 2303 Abs. 2 BGB).

164 Zur gesetzlichen Erbfolge oben Kapitel 4., S. 23 f.

165 Vgl. bereits *Brunner* S. 53 mit entsprechendem Hinweis. Das Noterbrecht ist damit echter Anteil am Nachlaß ("*pars hereditatis*"), kein bloßes Forderungsrecht.

Zum besseren Verständnis werden daher im folgenden die Grundzüge des spanischen Noterbrechts dargestellt:[166]

Als „*legítima*" (Noterbteil) wird derjenige Teil des Nachlasses bezeichnet, über den der Erblasser nicht verfügen kann. Der Noterbteil ist von Gesetzes wegen für die Noterben bestimmt; er ist nicht disponibel. Noterben sind Kinder und deren Abkömmlinge, die Eltern und Vorfahren, sofern der Erblasser keine Abkömmlinge hat, sowie der überlebende Ehegatte.

Das Noterbrecht der Abkömmlinge ist wie folgt ausgestaltet:
>   ein Drittel (die sogenannte „*reserva*") zugunsten der Noterben;
>   ein Drittel (die sogenannte „*mejora*" [Aufbesserung])[167] zugunsten
>   eines oder mehrerer Abkömmlinge;
>   ein Drittel frei verfügbar.

Nach spanischem Recht kann der Erblasser damit bei Vorhandensein von Noterben über seinen Nachlaß nur innerhalb des Rahmens verfügen, den ihm das Gesetz gestattet. Demgegenüber hat nach deutschem Recht niemand einen Anspruch darauf, Erbe zu werden - der „enterbte" Abkömmling hat lediglich den Pflichtteilsanspruch, ohne Erbe zu sein (oben Kapitel 21.1.).

21.3. Erbverzicht: Pflichtteils- bzw. Noterbrechte und ordre public

Auf Pflichtteilsansprüche kann nach deutschem Recht verzichtet werden (§§ 2346 - 2352 BGB). Üblicherweise erfolgt dies im Rahmen eines Erbvertrages. Das spanische Recht erlaubt einen Erbverzicht dagegen nicht; nach Art. 616 CC ist er unzulässig. In deutsch-spanischen Erbfällen mit Nachlaßvermögen in Spanien führt dies zur Frage, ob etwa der Erbverzicht eines spanischen Pflichtteilsberechtigten gegenüber dem deutschen Erblasser gegen den spanischen *ordre public* verstößt. Auch wenn hier Erbstatut deutsches Recht ist, wäre die nach spanischem Recht vorgesehene Unzulässigkeit eines Erbverzichts zu beachten. Die entsprechende Vereinbarung

---

[166] Dazu vgl. *Lacruz Berdejo* S. 781-790, *O'Callaghan Muñoz* S. 285-289.
[167] S. dazu etwa Ausführlich *O'Callaghan Muñoz* S. 303-310.

verstieße also gegen den spanischen *ordre public*. Dies gilt jedoch nur in dem genannten - relativ seltenen - Fall, daß der Erblasser deutscher und der Pflichtteilsberechtigte spanischer Staatsangehörigkeit ist.

Im Hinblick auf die zwingenden spanischen Noterbrechtsvorschriften fragt sich zudem, ob anderslautende ausländische Regelungen gegen den spanischen *ordre public* verstoßen. Im Ergebnis ist dies zu verneinen. Selbst in Bezug auf eine Rechtsordnung, die überhaupt keine Pflichtteilsansprüche vorsieht wie etwa die englische, ist die Frage verneint worden - unter Hinweis darauf, daß auch das Foralrecht von Navarra dem Erblasser die Vereinbarung eines Erbverzichts gestatte.[168] Rechtswirkung in Spanien entfaltet demzufolge auch ein von einem deutschen Erblasser zu seinen Lebzeiten mit einem deutschen Erben vereinbarter Erbverzicht.

Vorstehend aufgezeigte Konfliktsituation bei Anwendung verschiedener Rechte macht auch deutlich, weshalb die meisten Rechtsordnungen die freie Wahl und Bestimmung des auf den Erbfall anzuwendenden Rechts durch den Erblasser *nicht* zulassen. Dies dient dem Schutz der den Pflichtteilsberechtigten zustehenden Ansprüche. Anderenfalls könnten diese durch entsprechende Rechtswahl ausgeschaltet werden.

---

[168] Vgl. dazu Ley 80 f. der Compilación de Navarra (abgedruckt u.a. bei *Ferid/Firsching* [*Rau*], Spanien, S. 369).

22. Ehelicher Güterstand und Erbrecht

22.1. Gleichlauf oder Auseinanderfallen der Statute

Ehegüterrecht und Erbrecht stehen in engem Zusammenhang. Welches Vermögen in den Nachlaß fällt, läßt sich häufig nicht so leicht feststellen. Schwierig ist es insbesondere dann, wenn der Erblasser einen Ehegatten hinterläßt und Gütertrennung nicht vereinbart war. Die Feststellung des Umfanges des Nachlasses ist aber notwendige Voraussetzung für jedes weitere erbrechtliche Vorgehen: Denn auf die Erben kann nur das übergehen, was zum Nachlaß gehört. Vom Nachlaßvermögen im Zeitpunkt des Erbfalles muß daher zunächst dasjenige Vermögen getrennt und ausgeschieden werden, welches aus güterrechtlichen Gründen (allein) dem überlebenden Ehegatten zusteht. Dies zeigt bereits, wie innerlich eng Güterrecht und Erbrecht zusammenhängen, ja fast untrennbar miteinander verbunden sind. Zwischen Güter- und Erbrecht gibt es *im Rahmen einer einzigen Rechtsordnung* kaum ein ausgeprägtes Spannungsverhältnis. Denn die jeweiligen Regelungen sind aufeinander abgestimmt; sie bilden eine innere Harmonie.

Güterrechts- und Erb*statut* können allerdings derart auseinanderfallen, daß beide Bereiche sich nach unterschiedlichen Rechtsordnungen beurteilen. Dies veranschaulicht folgendes Beispiel:

> *Eine spanische Erblasserin, mit einem Deutschen verheiratet, verstirbt - ohne daß zwischen den Ehegatten güterrechtliche oder erbrechtliche Vereinbarungen getroffen worden sind.*

Das maßgebliche Ehegüterrechtsstatut bestimmt sich - aus deutscher Sicht - nach Art. 14, 15 EGBGB. In gemischt-nationalen Ehen können danach verschiedene nationale Rechte anwendbar sein. Die für das Ehegüterrecht geltende Rechtsordnung kann dann eine andere sein als die für die Erbfolge geltende (Erbstatut - Heimatrecht)[169]. Aus deutscher Sicht unterliegt - bei

---

[169] S.a. *Lucht*, Rpfleger 1997, 139 mit weiteren Fallbeispielen.

unterschiedlicher Staatsangehörigkeit der Eheleute - die Ehe dem Recht des Staates, in dem beide Ehegatten ihren gewöhnlichen Aufenthalt haben oder während der Ehe zuletzt hatten, wenn einer von ihnen dort noch seinen gewöhnlichen Aufenthalt hat, sonst hilfsweise dem Recht des Staates, mit dem die Ehegatten auf andere Weise gemeinsam am engsten verbunden sind (Art. 14 Abs. 1 EGBGB)[170]. Unter den Voraussetzungen des Art. 14 Abs. 3 bzw. Abs. 4 EGBGB können die Ehepartner auch wählen, welchem Recht ihre Ehe unterliegen soll. Eine gewisse Rechtswahlmöglichkeit besteht auch hinsichtlich des Güterstandes (Art. 15 Abs. 2 und 3 EGBGB). Ein „automatischer" Gleichlauf von Güterrechts- und Erbstatut ist nach deutschem IPR mithin nicht vorgesehen.

Auch nach *spanischem IPR* haben die Ehepartner bei unterschiedlicher Staatsangehörigkeit die Möglichkeit zur Rechtswahl. Sie können *vor* der Eheschließung in einer notariellen Urkunde festlegen, ob sich das Ehe- und das Güterstatut nach dem Recht ihres Wohnsitzes beurteilen soll oder nach dem Recht des Staates, dem einer von beiden angehört. Liegt eine solche Rechtswahl nicht vor, so unterliegt die Ehe aus spanischer Sicht immer dem Recht des gemeinsamen Wohnsitzes und hilfsweise dem Recht am Orte der Eheschließung.[171]

In obigem Fall - bei spanischer Staatsangehörigkeit der Erblasserin - läßt sich das Erbstatut unschwer bestimmen: Es gilt spanisches Erbrecht (Art. 25 EGBGB bzw. Art. 9 Ziff. 8 CC). Dagegen kommt es bei dem Güterrecht auf die konkreten Umstände an: Fand die Eheschließung etwa am gemeinsamen Wohnsitz in Deutschland statt, gilt deutsches Güterrechtsstatut[172]. Wurde die Ehe dagegen in Spanien (Wohnsitzstaat) eingegangen, ist das spanische Ehegüterrecht maßgeblich[173]. Aber auch das Auseinanderfallen von erbrechtlichen und güterrechtlichen Regelungen innerhalb einer anwendbaren Rechtsordnung führt bisweilen schon zu schwierig lösbaren Rechtsfragen.

---

170 Sog. „Anknüpfungsleiter", dazu *Kegel* § 20 V 1 a (S. 622).
171 Art. 9 Ziff. 3 i.V.m. Ziff. 2 CC.
172 Artt. 15 Abs. 1, 14 Abs. 1 Nr. 2, 3 EGBGB; Art. 9 Ziff. 3 i.V.m. Ziff. 2 CC: Heimatrecht des Ehemannes im Zeitpunkt der Eheschließung.
173 Art. 15 Abs.1, 14 Abs. 3 EGBGB (hier: Ort der Eheschließung - engste Verbindung; krit. dazu *Kegel* aaO [Fn. 12]); nach spanischem IPR bliebe es bei obigem Ergebnis (Fn. 13): - hier dann deutsches (Ehegüter-) Recht. .

22.2. Geltung der „Zugewinnausgleichsautomatik" (§ 1371 BGB) in Spanien?

Nach deutschem Recht kann der während der Ehe erzielte Zugewinn zum einen durch konkrete Errechnung ausgeglichen werden, was praktisch schwer zu verwirklichen ist. Oder es wird dazu eine pauschale Erhöhung des gesetzlichen Erbteils des überlebenden Ehegatten um ein Viertel vorgenommen („Bonner Quart", § 1371 Abs. 1 BGB). Bei rein deutschen Ehen ist schon umstritten, wie diese Norm zu qualifizieren ist - *güter*rechtlich oder *erb*rechtlich. In Rechtsprechung und Literatur gibt es viele Stimmen, die sich für *erbrecht*lichen Charakter aussprechen. Nach dieser Ansicht würde der überlebende Ehegatte bei Geltung ausländischen Erbstatuts und deutschen Güterrechtsstatus aus zwei Gründen „erben": zum einen nach dem ausländischen Erbstatut (Heimatrecht des Ehegatten); zum anderen nach der erbrechtlich zu qualifizierenden Regelung des deutschen Ehegüterstatuts.

In dieser Situation ist ein interessengerechter Ausgleich gefragt. Zutreffend sollte man darauf abstellen, wie sich das ausländische Erbstatut inhaltlich im Vergleich zum deutschen darstellt.[174] Dabei ist zu berücksichtigen, daß § 1371 BGB auch bezweckt, dem Ehegatten eine Verbesserung des Erbrechts zu verschaffen[175]. Kommt man dann zum Ergebnis, daß das ausländische Erbrecht eine ungünstigere Regelung für den überlebenden Ehegatten vorsieht als das deutsche, so sollte § 1371 Abs. 1 BGB Anwendung finden. Stellt dagegen das ausländische Erbrecht den Ehegatten *besser* als die deutsche Regelung, sollte die „Zugewinnausgleichsautomatik" des § 1371 Abs. 1 BGB entfallen. Dann wäre der Zugewinn tatsächlich exakt durch Vergleich des Anfangs- und Endvermögens zu errechnen.
Wie gezeigt (oben Kapitel 4., S. 24), „läßt" das gemeinspanische Erbrecht des Código Civil den überlebenden Ehegatten schlechter „wegkommen" als das deutsche.[176] Diesem sollte daher der pauschale Zugewinnausgleich aus § 1371 BGB gewährt werden, unabhängig davon, ob man diese Regelung als erbrechtliche oder als güterrechtliche einordnet.

---

[174] S. nur *Palandt/Heldrich*, Art. 15 EGBGB Anm. 4; s.a. IPG 1982, Nr. 31 (Göttingen), S. 305.
[175] S. nur *Palandt/Diederichsen* § 1371 Rz. 1 f.
[176] Nach spanischem Recht ist er - neben Abkömmlingen - lediglich Nießbrauchsberechtigter (vgl. oben Kapitel. 4., S. 24); so - zutreffend - auch *Brandt/Palanco Bührlen*, S. 53.

23. Vollmachtsfragen in deutsch-spanischen Erbfällen

23.1. Allgemeines - Vollmachtsstatut

Tauchen in internationalen Erbschaftsangelegenheiten Vollmachten auf, stellt sich nicht nur die Frage nach dem Erbstatut, vielmehr auch die nach dem *Vollmachtsstatut*. Dieses entscheidet darüber, nach welchem Recht die Vollmacht beurteilt wird, insbesondere also, ob eine wirksame Vollmacht überhaupt besteht. Das auf die Vollmacht anwendbare Recht kann entscheidend dafür sein, ob sie gültig oder als widerrufen oder erloschen anzusehen ist. So führt im deutschen Recht der Tod des Vollmachtgebers grundsätzlich nicht zum Erlöschen der Vollmacht. Vielmehr kommt es auf das spezielle Vollmachtsverhältnis und seine Auslegung an. Zulässig - zumindest nach deutschem Recht - ist auch die Vollmacht bezogen auf den Todesfall (dazu unten Kapitel 24.3., S. 94).
Nach spanischem Recht indes erlischt die Vollmacht zwingend mit dem Tod des Vollmachtgebers (Art. 1732 CC).

23.2. Deutsches IPR - spanisches IPR

Nach deutschem IPR gilt als Grundsatz, daß sich die Vollmacht nach dem Recht des Landes beurteilt, in dem sie zur Wirkung kommen soll.[177] Bereits das Reichsgericht hat in seiner Leitentscheidung aus dem Jahre 1907 für Nachlaßvollmachten die Grundregel aufgestellt, daß eine Vollmacht zur Verwaltung oder Auseinandersetzung eines Nachlasses nach dem Recht des Landes zu beurteilen sei, in dem die Nachlaßgegenstände belegen seien.[178] Es handelte sich um eine in den USA ausgestellte Auseinandersetzungsvollmacht über in Deutschland belegenen Nachlaß. Das Reichsgericht gelangte im Hinblick auf die Belegenheit der Hinterlassenschaft zur Anwendbarkeit deutschen Rechts.

---

[177] Wirkungsland oder Gebrauchsort, z.B. BGH BB/AWD 1965, 30 und folgende; s.a. *Lüderitz* Rz. 292; *Kegel* § 17 V 2 a (S. 454) - je m.w.N.
[178] RG, DR 1908 Nr. 93.

Auch das spanische internationale Privatrecht geht von dem Grundsatz aus, daß die Vollmacht dem Recht des Landes unterliegt, in dem von der Vollmacht Gebrauch gemacht wird (Art. 10 Ziff. 11, 2. Halbs. CC). Allerdings kennt das spanische Recht die Möglichkeit der Rechtswahl des Vollmachtsstatuts. Der Vollmachtsgeber kann danach in der Vollmacht bestimmen, nach welchem Recht sich die Vollmacht beurteilen soll.

23.3. *Auswirkung in der Praxis; Sonderfall der Vollmacht auf den Todesfall*

Obige Regelungsunterschiede können zu praktischen Schwierigkeiten führen, wie folgendes Beispiel veranschaulicht:

Ein deutscher Erblasser mit Grundbesitz in Spanien erteilt seinem Sohn in einer vor einem deutschen Notar errichteten Urkunde Generalvollmacht. Die Urkunde enthält die Bestimmung, daß die Vollmacht mit dem Tode des Vollmachtgebers nicht enden solle. Nach dem Tode des Erblassers will der Sohn aufgrund der ihm erteilten Vollmacht über den Grundbesitz in Spanien verfügen. Ist dies zu-lässig?

Die Vollmacht soll hier Wirkung in Spanien entfalten; Vollmachtsstatut ist damit spanisches Recht. Nach diesem aber ist die Vollmacht mit dem Tode des Vollmachtgebers erloschen (Art. 1732 CC). Nur wenn die Vollmacht hingegen eine ausdrückliche Rechtswahlklausel (*„die Vollmacht unterliegt deutschem Recht"*) enthielte, so hätte nach unserer Ansicht auch noch nach dem Tode des Vollmachtgebers eine uneingeschränkt gültige Vollmacht vorgelegen.[179] Nach anderer Meinung[180] ist hier auf das der (General-) Vollmacht zugrunde liegende Auftragsverhältnis abzustellen und dieses nach dem spanischen Schuldvertragsstatut zu beurteilen. Diese Ansicht gelangt derart sowie unter Hinweis auf Art. 1732 Ziff. 3 CC zum Ergebnis, daß die Vollmacht mit dem Tode des Auftraggebers erlischt.

---

[179] So auch *Gantzer* S. 90; *Brandt/Palanco Bührlen* S. 56.
[180] *Brunner* S. 15

Eine Vollmacht über den Tod hinaus und ihr Gebrauch durch den Vollmachtnehmer führt im Falle des Ablebens des Vollmachtgebers und der entsprechenden Kenntnis des spanischen Fiskus hiervon gleichwohl zur Erbschaftsbesteuerung: Die spanischen Steuergesetze knüpfen allein an den Tod des Erblassers an. Rechtsgeschäftliche Konstruktionen wie etwa die Vollmacht über den Tod hinaus bleiben dabei außer Betracht. Ob also die Einräumung sowie der Gebrauch von Vollmachten über den Tod hinaus[181] hinsichtlich von Nachlaßvermögen in Spanien sinnvoll ist, sollte stets auch unter steuerrechtlichen Aspekten (dazu Kapitel 27., S. 101-116) geprüft werden.

---

[181] Gleiches gilt im Ergebnis auch für die Vollmacht, die erst mit dem Tod des Vollmachtgebers ihre Wirkung entfalten soll („postmortale Vollmacht", vgl. *Palandt/ Edenhofer*, Einf. v. § 2197 Rz.16 f., 19; *Leipold* Rz. 417 f.).

24. Erbstatut von Mehrstaatern, Staatenlosen und „Staatenwechslern"

Die Staatsangehörigkeit als eindeutiges Kriterium zur Bestimmung des Erbstatuts scheidet aus, wenn der Erblasser mehreren oder aber keinem Staat angehörte oder etwa die Staatsangehörigkeit gewechselt hat. Bei Mehrstaatern bieten sich mehrere Rechtsordnungen an, bei Staatenlosen fehlt offenbar ein klares Anknüpfungsmerkmal. Es fragt sich daher, ob insoweit insbesondere auf Wohnsitz oder Aufenthalt abzustellen ist.

24.1. Mehrfache Staatsangehörigkeit

Das Personalstatut von Mehrstaatern bestimmt sich nach Art. 5 Abs. 1 EGBGB. Grundsätzlich ist danach das Recht des Staates anwendbar, mit dem die Person am engsten verbunden ist, vor allem durch ihren gewöhnlichen Aufenthalt.[182] Eine Ausnahme gilt für den - auch deutschen - Mehrstaater: Die Rechtsstellung als Deutscher geht vor. Wer *auch* Deutscher ist, ist *nur* Deutscher (Art. 5 Abs. 1 Satz 2 EGBGB)[183]; selbst wenn zu Deutschland nicht die engste Verbindung besteht, die deutsche Staatsangehörigkeit also nicht die effektive Staatsangehörigkeit ist.

Nach früherer höchstrichterlicher Rechtsprechung wurde - zur Herbeiführung sachgerechter Ergebnisse - auch für deutsche Mehrstaater auf die effektive Staatsangehörigkeit abgestellt[184] und damit auf das Recht des Staates, zu dem der Erblasser die wesentlich engere Beziehung hatte.[185]

Nach heutiger Rechtslage kann es bei Belegenheit von Vermögen teils in Deutschland, teils in Spanien zu einer Nachlaßspaltung kommen. Wenn der Erblasser etwa gleichzeitig die deutsche wie auch die spanische Staatsan-

---

[182] Zu weiteren Anknüpfungsmerkmalen statt vieler *Lüderitz* Rz. 114.
[183] *Lüderitz* Rz. 115.
[184] BGHZ 75, 32 (41) = NJW 1979, 1776; zustimmend das überwiegende Schrifttum, s. nur *Kegel* § 13 II 5 (S. 330 f.), *Lüderitz* Rz. 114 Fn. 40.
[185] Vgl. *Johnen*, MittRhNotK 1986, 58.

gehörigkeit besitzt, und seine Erben nach deutschem und nach spanischem Recht unterschiedliche Rechtspositionen haben. Man denke hier insbesondere an die Erbenstellung des Ehegatten bei Vorhandensein von Kindern. Dann kann in Spanien belegenes Grundvermögen eines Deutsch-Spaniers nach spanischem Recht, solches in Deutschland nach deutschem Recht vererbt werden. In der Praxis ohne Zweifel eine mißliche Situation: Denn es ist kaum zu erwarten, daß etwa spanische Behörden in Kenntnis der (auch) spanischen Staatsangehörigkeit des Erblassers die Umschreibung des Grundstücks aufgrund eines deutsches Erbscheines vornehmen[186]; schon gar nicht, wenn die damit bescheinigte Erbrechtsfolge von der nach spanischem Erbrecht abweicht.

24.2. Staatenlose, Flüchtlinge und Vertriebene

Für *Staatenlose* gilt zunächst das *New Yorker UN-Übereinkommen über die Rechtsstellung der Staatenlosen* vom 28. 9 1954 [187].

Nach deutschem Recht gilt bei staatenlosen Erblassern als Anknüpfungsmerkmal der gewöhnliche Aufenthalt und, falls sich ein solcher nicht feststellen läßt, der (schlichte) Aufenthalt (Art. 5 Abs. 2 EGBGB). Befand sich der gewöhnliche oder zufällige Aufenthalt des staatenlosen Erblassers in der Bundesrepublik, so findet deutsches Erbrecht Anwendung.

Auf *Flüchtlinge* findet die *Genfer Konvention über die Rechtsstellung der Flüchtlinge* (GFK) vom 27.7.1951 Anwendung, die auch für die Bundesrepublik Deutschland gilt[188] sowie u.a. für Spanien.[189] Nach deren Art. 12 bestimmt sich das Personalstatut jedes Flüchtlings „nach dem Recht des Landes seines Wohnsitzes oder, in Ermangelung eines Wohnsitzes, nach dem Recht seines Aufenthaltslandes".[190]

---

[186] Verständlich ist dies auch im Hinblick auf Art. 9 Nr. 9 CC, wonach sich bei - auch spanischen - Doppelstaatern grundsätzlich die spanische Staatsangehörigkeit durchsetzt; vgl. dazu *Peuster*, in: *Löber/Peuster*, S. 4 f.

[187] BGBl. 1976 II, S. 474.

[188] BGBl. 1954 II, S. 619 (s. *Jayme/Hausmann* Nr. 5 [S. 34-37], Text von Art. 1, 12).

[189] Zu den heute über 110 Mitgliedsstaaten s. *Jayme/Hausmann* Nr. 5 (S. 34) Fn. 1.

[190] Text unten *Anhang D 1 b*, S. 133.

Nach *spanischem* Recht richtet sich die Erbfolge nach Personen, die keine oder eine ungeklärte Staatsangehörigkeit besitzen, nach dem Recht ihres gewöhnlichen Aufenthaltsortes (Art. 9 Ziff. 10 CC)[191]. So wird beispielsweise ein Erblasser mit ursprünglich ungarischer Staatsangehörigkeit, der nach deren Verlust keine neue Staatsangehörigkeit angenommen hat, nur dann nach spanischem Recht beerbt, wenn er in Spanien seinen gewöhnlichen Aufenthalt („*residencia habitual*") hatte.

24.3. Staatenwechsler

Bei Staatenwechslern, also solchen Personen, die ihre frühere Staatsangehörigkeit aufgegeben und eine neue erworben haben, richtet sich das Erbstatut nach dem Recht der neuerworbenen Staatsangehörigkeit. Letztwillige Verfügungen allerdings, die Staatenwechsler noch während Bestehens ihrer früheren Staatsangehörigkeit getroffen haben, werden hinsichtlich ihrer Gültigkeit und Auslegung nach dem früheren Heimatrecht beurteilt.

Für Formfragen gilt auch hier das *Haager Testamentsformabkommen* (dazu oben Kapitel 5.1., S. 25 f.). Nach dessen Art. 1 Ziff. 1B ist eine letztwillige Verfügung eines „Staatenwechslers" gültig, wenn diese dem innerstaatlichen Recht eines Staates entspricht, dessen Staatsangehörigkeit der Erblasser im Zeitpunkt der letztwilligen Verfügung besessen hat.

Auch nach spanischem Recht (Art. 9 Ziff. 8 Satz 2 CC) behalten testamentarische Bestimmungen und Erbverträge ihre Gültigkeit, die unter Geltung des früheren Heimatrechts des Testators im Zeitpunkt der Errichtung zustande gekommen sind. Davon unberührt bleibt selbstverständlich die Bestimmung des Erbstatuts nach der neu erworbenen Staatsangehörigkeit, damit auch die Geltung von Noterbrechts- bzw. Pflichtteilsansprüchen.[192]

---

[191] S.a. *Peuster*, in: *Löber/Peuster*, S. 5 m.w.N.
[192] Dazu oben Kapitel 21., S. 83-85.

25.   Zuständige Gerichte und Behörden

Die Bestimmung der Zuständigkeit von Gerichten und Behörden in internationalen Erbangelegenheiten bereitet immer wieder Schwierigkeiten. Anknüpfungspunkte für die Zuständigkeit sind Merkmale wie Staatsangehörigkeit, letzter Wohnsitz, Aufenthalt und Belegenheit des Nachlaßvermögens. Im deutsch-spanischen Verhältnis kommen insoweit folgende Stellen in Betracht.

25.1.   Deutsche Gerichte und Behörden

Die Zuständigkeit der *deutschen Konsulate* in *Spanien* ergibt sich aus dem deutsch-spanischen Konsularabkommen.[193] Das deutsche Konsulargesetz beschreibt im einzelnen die Aufgaben und Befugnisse deutscher Konsulate im Ausland.[194] Je nach Besetzung des Konsulats können Beurkundungen letztwilliger Verfügungen deutscher Staatsangehöriger vorgenommen werden (vgl. §§ 10, 11 KonsularG).

Für die Ausstellung von *Sterbeurkunden* sind in Deutschland die *Standesämter* zuständig, für die *Verwahrung* von Testamenten die Amtsgerichte als *Nachlaßgerichte*. Vor deutschen Konsulaten errichtete Testamente sind zur amtlichen Verwahrung verschlossen dem Amtsgericht Berlin-Schöneberg zu übermitteln. Dort existiert für solche Zwecke auch eine Testamentskartei.

Bei der *Eröffnung von Testamenten* werden auch die Amtsgerichte als Nachlaßgerichte tätig. Sie sind ferner zuständig für die Ausstellung von *Erbscheinen* und *Testamentsvollstreckerzeugnissen*.

Die *örtliche Zuständigkeit* der Amtsgerichte als Nachlaßgerichte bestimmt sich gemäß § 73 FGG[195] nach dem Wohnsitz, den der Erblasser zur Zeit des Erbfalls hatte. Besaß der Erblasser keinen inländischen Wohnsitz, so ist das

---

[193] Dazu oben Kapitel 1.4., S. 6 f.
[194] Text auszugsweise unten im *Anhang D 2 e,* S. 136 f.
[195] Text unten *Anhang D 2 d,* S. 136.

Gericht zuständig, in dessen Bezirk er zur Zeit des Erbfalls seinen Aufenthalt hatte. Hat ein deutscher Erblasser in diesem Zeitpunkt indes weder Wohnsitz noch Aufenthalt im Inland, so ist die Zuständigkeit des Amtsgerichts Berlin-Schöneberg begründet.[196]

Für *Klagen,* welche

- die Feststellung des Erbrechts,
- Ansprüche des Erben gegen einen Erbschaftsbesitzer,
- Ansprüche aus Vermächtnissen oder sonstigen Verfügungen von Todes wegen,
- Pflichtteilsansprüche oder
- die Teilung der Erbschaft

zum Gegenstand haben, ist gemäß § 27 Abs. 1 ZPO[197] das Gericht zuständig, bei dem der Erblasser zur Zeit seines Todes den allgemeinen Gerichtsstand gehabt hat. Hatte ein deutscher Erblasser zur Zeit des Erbfalls keinen allgemeinen Gerichtsstand im Inland, so können Klagen vor dem Gericht erhoben werden, in dessen Bezirk der Erblasser seinen letzten inländischen Gerichtsstand hatte. Nur dann, wenn ein solcher nie bestanden hat, können Klagen bei dem für das Vermögen zuständigen Gericht in Deutschland erhoben werden (§ 27 Abs. 2 ZPO). Diese Zuständigkeitsregelung weicht damit erheblich ab von der des § 73 FGG.

Klagen wegen anderer Nachlaßverbindlichkeiten können nach § 28 ZPO[198] ebenfalls an dem Gerichtsstand der Erbschaft erhoben werden, solange sich der Nachlaß noch ganz oder teilweise im Bezirk des Gerichts befindet oder die vorhandenen mehreren Erben noch als Gesamtschuldner haften.[199]

Urteile, die vor Gerichten der Bundesrepublik in Erbsachen ergangen sind, können im Rahmen des deutsch-spanischen Anerkennungs- und Vollstreckungsabkommens vom 14.11.1983 [200] in Spanien vollstreckt werden. Danach besteht eine Anerkennungsverpflichtung von rechts-

---

196 Auch insoweit handelt es sich um eine Regelung der *örtlichen* Zuständigkeit gemäß § 73 FGG, nicht um eine solche der *internationalen* Zuständigkeit, vgl. etwa *Kegel* § 21 IV (S. 774-776).
197 Text unten *Anhang D 2 c,* S. 135.
198 Text wie Fn. 197.
199 Vgl. § 2058 BGB.
200 Dazu oben Kapitel 1.4., S. 6 f.

kräftigen Entscheidungen des Ursprungsstaates (z.B. Deutschland) in Spanien, wenn der Erblasser die deutsche Staatsangehörigkeit besaß oder dieser seinen letzten Wohnsitz oder gewöhnlichen Aufenthalt im Ursprungs-staat (etwa Deutschland) hatte (Art. 4 i.V.m. Art. 7 Ziff. 11, 13 des Abk.). Umgekehrt sind *spanische* erbrechtliche Entscheidungen in Deutschland anzuerkennen, wenn der Erblasser seinen gewöhnlichen Aufenthalt oder letzten Wohnsitz in Spanien hatte.[201]

Im übrigen sind sich Deutschland und Spanien als Mitgliedstaaten des *Haager Übereinkommens über den Zivilprozeß*[202] gegenseitig zu Rechtshilfe verpflichtet. Dies bezieht sich auch auf Nachlaßfälle.

Für *Erbschaftsteuern* sind gemäß § 35 ErbschStG örtlich zuständig die je-weiligen deutschen Finanzämter.

25.2. Spanische Gerichte und Behörden

In Spanien ist für die Ausstellung von *amtlichen Sterbeurkunden* das Registro Civil zuständig.

Das Zentrale Nachlaßregister in Madrid, *Registro de Actos de Ultima Volun-tad* [203], gibt Aufschluß darüber, ob und welche letztwilligen Verfügungen bekannt sind. Testamente von Ausländern können dann Eingang in das spanische Nachlaßregister finden, wenn sie unter Mitwirkung spanischer Notare oder Konsuln errichtet wurden. Gleiches gilt auch für Testamente von Ausländern, die vor deutschen Notaren oder Konsuln errichtet wurden, wenn sie dem Zentralregister in Madrid übermittelt werden (vgl. oben Kapitel 13.3., S. 51).

Versterben Ausländer in Spanien, so ist für Maßnahmen zur *Beerdigung des Verstorbenen* oder für *vorläufige Sicherungsmaßnahmen für Vermögens-stücke* die Zuständigkeit des Gerichts I. Instanz oder des Gerichts des

---

[201] Vgl. *Löber*, Abkommen, S. 20, 41 f.
[202] Dazu oben Kapitel 1.4., S. 6 f.
[203] Dazu oben Kapitel 13.2., S.51.

Sterbeorts gegeben. Für die *Ausstellung von (spanischen) Erbzeugnissen* ist das Gericht des Ortes zuständig, an dem der Erblasser seinen letzten Wohnsitz in Spanien gehabt hat. Befand sich dessen letzter Wohnsitz im Ausland, so ist zuständiges Gericht das des letzten spanischen Wohnsitzes oder desjenige, an dem sich der überwiegende Teil des Vermögens befindet (Art. 63 Ziff. 5 Abs. 1 L.E.C.).[204] Insoweit besteht mithin eine konkurrierende internationale Zuständigkeit zwischen deutschen und spanischen Nachlaßgerichten. Ob und wie Ausländer im übrigen in Erbsachen spanische Gerichte anrufen können, ist in Art. 70 L.E.C. geregelt).[205]

Die *spanischen Konsulate* in der Bundesrepublik sind zuständig für die *Legalisation* von Unterschriften auf öffentlichen Urkunden sowie für die *Ausstellung von Bescheinigungen* gemäß Art. 36 der spanischen Hypothekenverordnung.[206]

Schließlich ist zu nennen als zuständige *Steuerbehörde* für in Spanien belegenes Nachlaßvermögen von Ausländern:

> *Delegación de Hacienda*
> *Gestión tributaria de sucesiones*
> *C./ Guzmán el Bueno, 139*
>
> *E-28003 Madrid.*

---

[204] Text unten *Anhang D 3 e*, S. 144.
[205] Text unten *Anhang D 3 e*, S. 144 f.
[206] Text unten *Anhang D 3 c*, S. 142 f..

26.   Erbrechtliche Bankfragen

26.1.   *Allgemeines*

Banken sagt man gerne nach, in Nachlaßfällen kleinlich und bürokratisch zu sein. Dieses Vorurteil ist zumindest in schwieriger gelagerten Erbangelegenheiten - und dazu gehören solche mit Auslandsberührung - in der Regel unzutreffend. Denn eine Bank, deren Kunde verstorben ist, kann zurecht den Nachweis der Erbberechtigung verlangen und hiervon die Auszahlung des Guthabens des Erblassers abhängig machen. Anderenfalls müßte sie, wenn sie an den Nichtberechtigten auszahlt, zweimal leisten. Und das tut schließlich niemand gerne. Im übrigen ist auch zu beachten, daß Banken gegenüber den Finanzbehörden eine Anzeigepflicht obliegt, die sich auf die bei ihnen befindlichen Vermögenswerte des Erblassers bezieht. In Fällen mit Auslandsberührung muß zudem eine Ermächtigung der Finanzbehörden zur Auszahlung der Guthaben an die Berechtigten vorliegen. All dies kann lange dauern.

26.2.   *Praktische Überlegungen - „cuenta corriente indistinta"*

Als Erblasser sollte man auch aus obigen Gründen schon zu Lebzeiten Maßnahmen treffen, die es den Hinterbliebenen ermöglichen, schnell und unbürokratisch über die Konten - zumindest teilweise - verfügen zu können.

Eine Möglichkeit besteht darin, daß Eheleute oder auch andere Personen miteinander Gemeinschaftskonten in Form von *Oder*-Konten einrichten. Jeder Inhaber soll berechtigt sein, allein und unabhängig vom anderen über das Konto verfügen zu können. Auf diese Weise kann erreicht werden, daß das Konto bei einem Erbfall nicht gleich blockiert ist. Das entsprechende Konto (*Oder*-Konto) heißt in Spanien „*cuenta corriente indistinta"*.

Das Gegenstück dazu, das Konto, über das mehrere nur gemeinschaftlich verfügen können (*Und*-Konto), heißt auf spanisch *„cuenta corriente conjunta"*. Als gesetzliche Vermutung gilt dabei, daß Guthaben auf solchen Gemeinschaftskonten jedem Kontoinhaber zu gleichen Teilen gehören.[207] Die Vermutung kann allerdings widerlegt werden, etwa durch testamentarische Verfügungen oder Erbscheine. Die Steuerpflicht bezieht sich damit nur auf den Anteil des (Gemeinschafts-)Kontos, der dem Erblasser zustand.

---

[207] Vgl. Art. 11 Nr. 5 des Gesetzes 29/1987 vom 18.12.1987 über die Erbschaft- und Schenkungsteuer (abgedruckt bei *Reckhorn-Hengemühle*, DSA-Informationsblätter, S. 5) i.V.m. Eigentumsvermutungen gemäß Abgabenordnung und Vermögensteuer.

27. Spanisches Erbschaft- und Schenkungsteuerrecht[208]

Gesetzliche Grundlage ist das *Erbschaft- und Schenkungsteuergesetz 29/ 1987 vom 18.12.[1987]* [209] (im folgenden ErbStG), das am 1.1.1988 in Kraft getreten ist. Dieses Gesetz versteht sich als eine die Einkommensteuer ergänzende Steuer.[210] Insoweit kann es neben der Besteuerung des Beschenkten oder Erben durchaus zu einer Versteuerung nach der Einkommensteuer auch bei dem Schenker oder Erblasser hinsichtlich der aufgedeckten stillen Reserven kommen, wenn das Vermögen an eine andere Person als die aus dem Familienverband des Erblassers oder Schenkers zugewendet wird. Umgekehrt ist der Erbe oder Beschenkte von der Einkommensteuer befreit, wenn der Vorgang der Erbschaft- und Schenkungsteuer unterliegt.

Das früher geltende Prinzip der Staatsangehörigkeit wird im neuen Gesetz durch das Prinzip der *Ansässigkeit* abgelöst.[211]

Das Erbschaft- und Schenkungsteuergesetz gilt nach seinem Art. 2 („Räumlicher Anwendungsbereich") in ganz Spanien, unbeschadet der in den Foralrechten geltenden Steuersysteme.[212] Unter das ErbStG fällt jeder unent-

---

[208] Die folgende Darstellung gibt im wesentlichen die aufgrund von Gesetzesänderungen aktualisierte Fassung des Steuerteils von *Dr. H.J. Selling*, Berlin, der 2. Auflage, 1991 (s.a. Vorwort ebd.) wieder. S. dazu insbesondere *Garcia Añoveros u.a*, S. 315-346, sowie *Martin Moreno* aaO.
Die *Art.*-Angaben in diesem Kapitel ohne Bezeichnung des Gesetzes sind solche des spanErbStG 29/1987.

[209] B.O.E. vom 19.12.1987.

[210] Vgl. Art. 1 spanErbStG zu „Rechtsnatur und Gegenstand": Besteuerung des unentgeltlichen Vermögenszuwachses natürlicher Personen.,

[211] Bezweckt ist damit die Vermeidung der Doppelbesteuerung für direkte Steuern, womit einer Forderung des Art. 21 der Allgemeinen Abgabenordnung entsprochen wurde (vgl. *Selling* aaO, S. 90).

[212] Art. 2 spanErbStG nennt insoweit ausdrücklich das Baskenland und Navarra. Nach *Brandt/Palanco Bührlen* S. 78 werden die Erbschaftssteuern gemäß der dortigen Sonderregelungen stark reduziert für Personen, die in den letzten 10 Jahren ihren Wohnsitz im Baskenland bzw. in Navarra hatten *und* sich im Kalenderjahr mindestens 183 Tage an diesem Wohnsitz aufhalten („*gewöhnlicher Wohnsitz*" - zur Berechnung unten Kapitel 27.3., S. 103 f.). Sind diese Bedingungen nicht erfüllt, gelten die allgemeinen Vorschriften des spanErbStG.

geltliche Erwerb von Todes wegen oder zwischen Lebenden sowie Auszahlungen von Lebensversicherungen (Art. 3; dazu unten Kapitel 27.2., S. 102).

27.1. *Steuersubjekte*

Steuerpflichtig sind nach Art. 5 alle Vermögenszuwächse, die von *natürlichen Personen* erzielt werden. Bei juristischen Personen werden die Erwerbstatbestände gemäß Art. 3 (s.o.) nicht nach dem ErbStG beurteilt; diese unterliegen vielmehr der Gesellschaftsteuer.[213]

Steuerpflichtig sind in der Regel die Begünstigten, d.h.
- bei Erbfall: *die Rechtsnachfolger* (Erben/Vermächtnisnehmer);
- bei Schenkung: *der Beschenkte*;
- bei Zahlung einer Lebensversicherung: *der Drittbegünstigte*.

27.2. *Steuergegenstand*

Den Steuergegenstand bilden gemäß Art. 3 folgende Vorgänge:

- Erwerb von Gegenständen und Rechten aufgrund einer Erbschaft, eines Vermächtnisses oder aus einem sonstigen erbrechtlichen Rechtsgrund;
- Erwerb von Gegenständen und Rechten aufgrund einer Schenkung oder eines sonstigen unentgeltlichen Geschäfts unter Lebenden;
- Zahlungen aufgrund eines Lebensversicherungsvertrages, wenn der Begünstigte mit dem Versicherungsnehmer nicht identisch ist (Drittbegünstigter).[214]

Die Unterscheidung zwischen Erbschaft- und Schenkungsteuer hat Bedeutung für die Besteuerung, da die Ermittlung der Bemessungsgrundlage und die Gewährung von Freibeträgen unterschiedlich ist. Fraglich ist insoweit, ob der Erwerb der Schenkung auf den Todesfall nach dem Erbschaft- oder dem Schenkungsteuertatbestand zu beurteilen ist. Nach zutreffender Ansicht

---

[213] Zur früheren Rechtslage s. *Selling* aaO, S. 90.
[214] Art. 3 Ziff. 1 a - c spanErbStG.

ist die Schenkung auf den Todesfall nach den Regeln der Erbschaftsteuer zu behandeln und nicht als Schenkung anzusehen. Dafür spricht schon das Gesetz selbst: Nach Art. 620 CC sind für die Schenkung auf den Todesfall ausdrücklich die Vorschriften des Erbrechts anzuwenden.

Als Schenkungen gelten auch solche Zuwendungen, die einen belohnenden Charakter haben oder auf einem teilweise unentgeltlichen Geschäft beruhen wie etwa dem Kauf eines Grundstücks deutlich unter Marktpreis. Ebenfalls als Schenkung ist der Erbverzicht nach Verjährung der Erbschaftsteuer anzusehen.

Überdies sieht das Gesetz in Art. 4 *„widerlegbare Vermutungen für das Vorliegen eines Steuertatbestandes"* vor:

- Das Finanzamt stellt nach den Steuererkärungen oder sonstigen Unterlagen eine Vermögensminderung bei dem Zuwender und eine entsprechende Vermögenserhöhung bei seinem Ehegatten, Verwandten absteigender Linie („Abkömmling"), Erben oder Vermächtnisnehmer fest (Art. 4 Ziff. 1).
- Das Finanzamt stellt fest, daß die Eltern für ihre minderjährigen Kinder etwas erworben haben, es sei denn, sie könnten die Vermutung der unentgeltlichen Zuwendung an ihre Kinder durch den Nachweis widerlegen, daß sie die Mittel ihrer Kinder für den Erwerb verwendet haben (Art. 4 Ziff. 2).

27.3. *Unbeschränkte und beschränkte Steuerpflicht*

Steuerpflichtige, die ihren gewöhnlichen Wohnsitz in Spanien haben, sind *unbeschränkt steuerpflichtig* - das bedeutet, die Steuerpflicht erstreckt sich auf ihren *in- und ausländischen* Erbanfall (Art. 6 Ziff. 1). Was ein gewöhnlicher Wohnsitz ist, bestimmt sich nach den Regeln der Einkommensteuer.[215] Einen gewöhnlichen Wohnsitz hat danach derjenige, der sich länger als 183 Tage im Kalenderjahr in Spanien aufhält. Bei der Berechnung dieses Zeitraumes bleibt der Teil der Abwesenheit außer Betracht, der nicht länger als

---

[215] Art. 6 Ziff. 2 spanErbStG.

drei Jahre dauern wird (etwa bei im Ausland tätigen Arbeitnehmern). Diese Regelung kann demnach durchaus zu Doppelbesteuerungen führen; denn zwischen Spanien und der Bundesrepublik Deutschland gibt es kein Doppelbesteuerungsabkommen in Erbschaftsteuersachen.[216] Der unbeschränkten Steuerpflicht unterliegen zudem die Vertreter und Beamten des spanischen Staates mit Sitz im Ausland.[217]

Steuerpflichtige, die ihren gewöhnlichen Aufenthalt im Ausland haben, sind nach Art. 7 *beschränkt steuerpflichtig* mit den zugewendeten Gegenständen und Rechten, die in Spanien belegen sind oder dort ausgeübt oder erfüllt werden müssen. Das gleiche gilt für Bezüge aus Lebensversicherungsverträgen mit spanischen Unternehmen oder in Spanien tätigen Niederlassungen ausländischer Lebensversicherer.[218]

Neben den primär Steuerpflichtigen regelt Art. 8 die Pflichten der *„subsidiären Haftungsschuldner"*. Danach sind subsidiär steuerpflichtig die Börsen und Handelsmakler für die Aushändigung von Geld, Wertpapieren und Bürgschaften an Erwerber von Todes wegen (Art. 8 Ziff. 1 a). Das gleiche gilt im Falle der Auszahlung von Versicherungssummen an den Begünstigten für den Versicherer (Art. 8 Ziff. 1 b). Subsidiär haften schließlich auch die Beamten, die ohne Nachweis der Steuerzahlung den Rechtswechsel (etwa im Eigentumsregister/Grundbuch oder Handelsregister) bescheinigen (Art. 8 Ziff. 2).

27.4. Bemessungsgrundlage

27.4.1. Erwerb von Todes wegen

Das zugewendete Vermögen wird nicht mit dem Einheitswert - wie etwa die Grundstücke im Rahmen der Vermögensteuer -, sondern mit dem wahren Wert bewertet; davon werden die abzugsfähigen Lasten und Schulden abgezogen (Art. 9 Buchst. a). Bei mehreren Schenkungen innerhalb von drei Jahren an den Erwerber von Todes wegen werden gemäß Art. 30 Ziff. 2 alle Schenkungen in die Bemessungsgrundlage einbezogen, wenn der Zeitraum

---

[216] S. bereits oben Kapitel 1.4., S. 6 f.
[217] Art. 6 Ziff. 3 spanErbStG.
[218] Art. 7 Satz 2 spanErbStG.

zwischen der letzten Schenkung und dem Erbfall nicht mehr als fünf Jahre beträgt. In diesem Fall wird die gezahlte Schenkungsteuer auf die Erbschaftsteuerschuld angerechnet.

Sonderreglungen der Bewertung gibt es insbesondere für den *Hausrat* (Art. 15) sowie die *dinglichen Nutzungsrechte* (Art. 26). Soweit *Hausrat* vorhanden ist, wird er pauschal bewertet, und zwar in Höhe von 3%. Zum Hausrat gehören alle Gegenstände des privaten Gebrauchs, die pro Wirtschaftsgut 250.000 Ptas. nicht übersteigen.

Der Nießbrauch und das Wohnrecht werden in Abhängigkeit von der Laufzeit und dem Wert der genutzten Sache bewertet. Das mit dem Nießbrauch belastete Eigentum wird mit der Differenz zwischen Marktwert des Gegenstandes und dem Wert des Nießbrauchs angesetzt.[219] Entsprechendes gilt für die sonstigen Nutzungsrechte.[220]

Die Steuerverwaltung kann den Marktwert durch eigene Sachverständige schätzen lassen, wenn es Abweichungen in der Bewertung durch den Steuerpflichtigen und der des Finanzamts gibt. Dieser Wert ist dann für die Besteuerung maßgebend. Wenn das Finanzamt jedoch zu einem niedrigeren Wertansatz als dem in der Steuererklärung kommt, gilt der höhere Wert laut Erklärung. Der für die Erbschaft- und Schenkungsteuer erklärte oder ermittelte Wert ist für die Vermögensteuererklärung des Erwerbers bindend.

Die Verpflichtung zur Bewertung nach dem wahren Wert ist jedoch dadurch erheblich relativiert, daß dem Steuerpflichtigen kein Bußgeld wegen Bewertung nach den Kriterien der Vermögensteuer auferlegt wird (Art. 18 Ziff. 4), wenn also etwa ein Grundstück gegenüber dem Finanzamt mit dem erheblich niedrigeren Einheitswert angesetzt wird. Allerdings steht der Steuerverwaltung innerhalb von 6 Monaten nach Bestandskraft des Steuerbescheides ein Vorkaufsrecht auf den Gegenstand zu, wenn der überprüfte Wert 50% über dem erklärten Wert liegt.[221]

---

[219] Art. 26 Buchst. a spanErbStG.
[220] Nach Art. 26 Buchst. e spanErbStG gilt die Einräumung eines dinglichen Nutzungsrechts steuerlich als Nießbrauch.
[221] Vgl. Art. 19 spanErbStG („Erwerbsrecht der Verwaltung").

Als *abzugsfähige Lasten* (Art. 12) gelten alle direkt auf dem Gegenstand ruhenden Belastungen, die den Wert mindern, wie z.B. Reallasten und Rentenrechte. Keine Berücksichtigung finden insoweit dagegen persönliche Verpflichtungen, Grundpfandrechte oder Pfandrechte ohne Rücksicht darauf, daß sie als Schulden abgezogen werden können, wenn die sonstigen Voraussetzungen vorliegen (dazu nachfolgend). *Abzugsfähige Schulden* (Art. 13) sind perönliche Verpflichtungen des Erblassers, wenn sie in einer öffentlichen oder privaten Urkunde nachgewiesen sind. Nicht abzugsfähig sind dagegen die Schulden zu Lasten der Erben oder Vermächtnisnehmer sowie deren Ehegatten, Verwandte auf- und absteigender Linie oder Geschwister, und zwar auch dann, wenn sie auf die Erbschaft verzichtet haben. In jedem Falle abzugsfähig sind, auch ohne Nachweis in einer öffentlichen Urkunde, die gegenüber dem Fiskus und der Sozialversicherung bestehenden Schulden, die von den Rechtsnachfolgern/Erben erfüllt werden, selbst wenn die Zahlungen auf nach dem Tode ergangene Steuerbescheide erfolgt (Art. 13 Ziff. 2). Darüber hinaus sind *abzugsfähige Ausgaben* (Art. 14): die Kosten eines Gerichtsverfahrens zugunsten des gesamten Nachlasses, die Kosten der letzten Krankheit des Erblassers sowie die Begräbniskosten in angemessener Höhe.[222]

27.4.2. Erwerb zwischen Lebenden

Die Ermittlung der schenkungsteuerlichen Bemessungsgrundlage unterscheidet sich von der bei einem Erbfall insoweit, als es keine gesetzlichen Vermutungen gibt. Zudem sind sonstige Schulden nur abzugsfähig, wenn sie durch ein auf der zugewendeten Sache lastendes Grundpfandrecht gesichert sind und der Erwerber die Zahlung der Schuld übernommen bzw. tatsächlich innerhalb der Verjährungsfrist gezahlt hat.[223]

Für die Schenkung unter Auflage und die teilweise unentgeltliche Schenkung ist die Bemessungsgrundlage der Differenzbetrag der verrechneten Leistungen (vgl. Art. 29 „Besondere Schenkungen").

---

[222] Vgl. Art. 14 Ziff. 2 spanErbStG, „....Beerdigungskosten im Einklang mit den ortsüblichen Sitten und Gebräuchen in angemessenem Verhältnis zum Nachlaß".
[223] Vgl. Art. 17 spanErbStG („Abzugsfähige Schulden").

Bei mehreren Schenkungen innerhalb von drei Jahren an denselben Beschenkten werden die Schenkungen zusammengerechnet zur Ermittlung einer einheitlichen Steuerschuld; dabei wird die bisher gezahlte Schenkungsteuer angerechnet (Art. 30 Ziff. 1).

27.4.3. Freibeträge

Im Falle von Erbschaften gelten folgende Freibeträge:[224]

Gruppe I (Abkömmlinge/Adoptivkinder unter 21 Jahren):
2.556.000 Ptas., zuzüglich 639.000 Ptas. für jedes Jahr, das der Rechtsnachfolger jünger als 21 Jahre ist; begrenzt auf höchstens 7.668.000 Ptas.;

Gruppe II (Abkömmlinge/Adoptivkinder über 21 Jahren, Ehegatten, Eltern, Großeltern und Adoptiveltern):
2.556.000 Ptas.;

Gruppe III (Verwandte 2. und 3. Grades):
1.280.000 Ptas.;

Gruppe IV (Verwandte vom 4. Grad an sowie Nichtverwandte):
kein Freibetrag

bei Erwerb durch geistig oder körperlich Behinderte:
7.668.000 Ptas. *neben* den zuvorgenannten Freibeträgen.

Bei Schenkungen gibt es keine Freibeträge.[225]

---

[224] Art. 20 Ziff. 1 spanErbStG („Bereinigte Steuerbemessungsgrundlage").
[225] Art. 20 Ziff. 3 spanERbStG („die bereinigte Steuerbemessungsgrundlage ist identisch mit der Bemessungsgrundlage").

27.5. Steuersatz

Der Steuersatz hängt von der Höhe des Erwerbs, der Steuerklasse sowie von dem Vorvermögen des Erwerbers ab.

Die aktuellen Steuersätze ergeben sich aus folgender Tabelle (Art. 21):[226]

Steuerpflichtiger Erwerb (bis zu ... Ptas.)	Steuerbetrag in Ptas.	Differenzwert in Ptas.	effektiver Steuersatz in %
0	0	1.280.000	7,65
1.280.000	97.920	1.280.000	8,50
2.560.000	206.720	1.280.000	9,35
3.840.000	326.000	1.280.000	10,20
5.120.000	456.960	1.280.000	11,05
6.400.000	598.000	1.280.000	11,90
7.680.000	750.000	1.280.000	12,75
8.960.000	913.920	1.280.000	13,60
10.240.000	1.088.000	1.280.000	14,45
11.520.000	1.272.960	1.280.000	15,30
12.800.000	1.468.800	6.390.000	16,15
19.190.000	2.500.785	6.390.000	18,70
25.580.000	3.695.000	12.780.000	21,25
38.360.000-	6.411.465	25.540.000	25,50
63.900.000	12.924.165	63.900.000	29,75
127.800.000	31.934.415	darüber hinaus	34,00

Zur Berechnung der endgültigen Steuerschuld ist der sich aus vorstehender Tabelle ergebende Steuerbetrag noch mit den Korrektur-Faktoren gemäß Art. 22 Ziff. 1 zu multiplizieren; diese sind abhängig von Vorvermögen des Begünstigten und seinem Verwandtschaftsgrad zum Erblasser:

---

[226] Die Tarife und Freibeträge sind mit *Stand : 1. Januar 1997* wiedergegeben, vgl. *Selling*, Handbuch des spanischen Steuerrechts, Spanien Anhang Rz. 169 f..

Vorvermögen des Be-günstigen in Ptas.	Koeffizienten in Steuerklasse [Verwandtschaft zum Erblasser]		
	Gruppe I und II	*Gruppe III*	*Gruppe IV*
von 0 bis 64 Mio.	1,00	1,5882	2,0
von 64 bis 321 Mio.	1,05	1,6676	2,1
von 321 bis 643 Mio.	1,10	1,7471	2,2
über 643 Mio.	1,20	1,9059	2,4

Zur Veranschaulichung der Berechnung der spanischen Erbschaftsteuer nachstehendes Beispiel:

> *Ein deutscher Erblasser mit gewöhnlichem Aufenthaltsort in Spanien verstirbt. Sein Nachlaß besteht aus einer Wohnung auf Mallorca im Wert von 20.000.000 Ptas.(Marktwert, Katasterwert: 10.000.000 Ptas.) sowie einem Barvermögen von 15.000.000 Ptas.*
> *Der Erblasser hat in seinem Testament seine Ehefrau und seinen 18-jährigen Sohn als Erben zu gleichen Teilen (je zu 1/2) eingesetzt. Einem Freund, der nicht zur Familie gehört, hat er einen Geldbetrag von 5.000.000 Ptas. vermacht.*
> *Das Vorvermögen der Erben/des Freundes beträgt jeweils nicht mehr als 64.000.000 Ptas.*

Die von den verschiedenen Begünstigten zu zahlende Erbschaftsteuer berechnet sich wie folgt:

Witwe

erbt:

          10.000.000 Ptas. (Immobilie)
          15.000 Ptas. (= 3% Haushaltspauschale [„ajuar doméstico"])[227]
          5.000.000 Ptas. (Bargeld)[228]
          15.015.000 Ptas.

Freibetrag:
          2.556.000 Ptas.
          12.459.000 Ptas.

Steuerbetrag = zu zahlende Erbschaftssteuer:

    1.468.800 Ptas. (Der Korrektur-Faktor [Art. 22 Ziff. 1] beträgt für die Witwe [Gruppe II] 1, d.h. der Steuerbetrag ändert sich nicht.)

Sohn

erbt:

          10.000.000 Ptas. (Immobilie)
          15.000 Ptas. (=3% Haushaltspauschale)[229]
          5.000.000 Ptas. (Bargeld)[230]
          15.015.000 Ptas.

Freibetrag:
          2.556.000 Ptas - Grundbetrag Gruppe I
          + 1.278.000 Ptas - Abzug für 2 Jahre unter 21 Jahre, je 639.000 Ptas.
          3.834.000 Ptas.
          11.181.000 Ptas.

zu zahlende Erbschaftssteuer:

    1.272.960 Ptas. (Der Korrektur-Faktor [Art. 22 Ziff. 1] beträgt für den Sohn [Abkömmling, Gruppe I] 1, d.h. der Steuerbetrag ändert sich nicht.)

Freund

„erbt":   *5.000.000 Ptas. (Bargeld, Vermächtnis)*
Freibetrag: *kein Freibetrag (Gruppe IV - Freund als Nichtverwandter)*
Steuerbetrag :   *444.720 Ptas. (Da F. kein Familienmitglied ist, wird dieser Steuerbetrag mit dem Korrektur-Faktor für Gruppe IV [Art. 22 Ziff. 1] [231] multipliziert.)*

zu zahlende Erbschaftssteuer: *889.440 Ptas.*

---

[227] Die Haushaltspauschale bezieht sich nicht auf den Marktwert der Immobilie, vielmehr auf den erheblich niedrigeren Katasterwert („*Valor catastral*"; also der *Einheitswert* wird alljährlich im Grundsteuerbescheid genannt und gilt als Bemessungsgrundlage der Grundsteuer). Hinzuweisen ist insoweit auf das Nachprüfungsrecht des spanischen Fiskus hinsichtlich der Bewertung von Immobilienübertragungen aufgrund des Gesetzes Nr. 8/1989 vom 13.4.1989 (B.O.E. vom 15.4.1989 Nr. 835), vgl. Art. 16 („sujeto pasivo" - u.a. „herencia yacente").

[228] Die Hälfte des Barvermögens nach Anzug der 5.000.000 Ptas. als Vermächtnis zugunsten des Freundes.

[229] S. Anm. 227.

[230] S. Anm. 228.

[231] Oben S. 107.

Das Vorvermögen wird nach Regeln der Vermögensteuer ermittelt. Da die Vermögensteuer aber andere Bewertungskriterien kennt (für Grundstücke den Einheitswert, der weitaus niedriger ist als der für die Erbschaftssteuer maßgebliche wahre Wert), kommt es zu der paradoxen Folge, daß z.b. das geerbte Grundstück mit dem wahren Wert und das Grundstück des Begünstigten als Teil dessen Vorvermögens mit dem Einheitswert bewertet wird.

Nach dem Wortlaut des Gesetzes wird im übrigen kein Unterschied gemacht zwischen beschränkt und unbeschränkt Steuerpflichtigen. Das macht die Überprüfung der zutreffenden Angaben des Mulitplikators bei beschränkt Steuerpflichtigen für die Finanzbehörden fast unmöglich.

27.6. *Anrechnung auf die Steuerschuld*

Bei unbeschränkter Steuerpflicht in Spanien und gleichzeitiger beschränkter Steuerpflicht in der Bundesrepublik Deutschland kann der Steuerpflichtige auf seine Steuerschuld den jeweils kleineren der folgenden Beträge anrechnen:[232]

- die tatsächlich gezahlte deutsche Steuer oder
- die durchschnittliche spanische Steuer, die auf die in der Bundesrepublik Deutschland belegenen Gegenstände und Rechte entfällt.

Umgekehrt kann die spanische Erbschaftsteuer bei unbeschränkter Steuerpflicht in der Bundesrepublik Deutschland auf die entsprechende deutsche Erbschaftsteuer angerechnet werden (§ 21 deutsches ErbschStG).[233]

---

[232] Vgl. Art. 23 spanERbStG „Steuerabzug aufgrund internationaler Doppelbesteuerung".

[233] Mit zutreffendem Hinweis auch *Brandt/Palanco Bührlen* S. 78.

27.7. Fälligkeit der Steuer und Verjährung

Nach Art. 24 wird die Steuer *fällig*

- bei Erwerb von Todes wegen und bei Bezug aus einem Lebensversicherungsvertrag: mit dem Erbfall[234] und
- bei Schenkung unter Lebenden: mit der Zuwendung und dem Vertragsschluß.[235]

Ist der Erwerb von einer Bedingung, Befristung oder einer sonstigen Beschränkung abhängig, wird die Steuer erst mit dem Eintritt der Bedingung, Ablauf der Befristung oder dem Wegfall der Beschränkung fällig.[236]

Die Erbschaftsteuer *verjährt* nach Art. 25 innerhalb von fünf Jahren.[237] Sie beginnt *nicht* mit dem Todesfall, vielmehr mit Ablauf der Fristen, an denen die Steuererklärung spätestens hätte vorgelegt werden müssen.[238] So verjährt die Erbschaftsteuer frühestens nach *fünf Jahren und sechs Monaten* und spätestens *sechs Jahre* nach dem Todesfall, wenn die (Abgabe-)Fristen nicht gehemmt werden (dazu unten Kapitel 27.8.2., S. 113).

27.8. Steuererklärungspflichten

27.8.1. Zuständiges Finanzamt

Im Erbfall wird die Veranlagung durch das Finanzamt des Wohnsitzes des Erblassers durchgeführt. Hat der Erblasser seinen Wohnsitz *außerhalb* Spaniens, so ist nach seiner Wahl entweder das Finanzamt Madrid oder das Finanzamt zuständig, in dessen Amtsbezirk der Begünstigte seinen gewöhnlichen Wohnsitz hat.

---

234 Art. 24 Ziff. 1 spanErbStG.
235 Art. 24 Ziff. 2 spanErbStG.
236 Art. 24 Ziff. 3 spanErbStG.
237 Sog. „Festsetzungsverjährung" (auch für das Bußgeld) nach früherem Recht in 10 Jahren, vgl. *Selling* aaO, S. 98 f.; s.a. *Reckhorn-Hengemühle*, S. 3; *Brandt/Palanco Bührlen* S. 85 f. eindeutig - zutreffend - zum Fristbeginn..
238 Vgl. dazu Art. 48 Nr. 1 der Ausführungsverordnung/spanErbStG vom 8.12.1991 (Königl. Dekret Nr. 1629/1991); so auch *Gantzer* S. 94.

Im Fall der Schenkung eines Grundstückes ist das Belegenheitsfinanzamt zuständig; in den Fällen der Schenkung von anderen Objekten an beschränkt Steuerpflichtige das Finanzamt Madrid.

27.8.2. Abgabefrist

Im Erbfall sind die Begünstigten verpflichtet, die Unterlagen und die Steuererklärung innerhalb von sechs Monaten nach dem Tode des Erblassers oder ab dem Tag, ab dem sie Kenntnis von dem Tod des Erblassers haben, bei der Steuerverwaltung einzureichen. Bei Schenkungen gilt eine Frist von 30 Tagen.

Diese Fristen können auf Antrag verlängert werden[239], bei einem Erbfall um weitere sechs Monate. Überschreitet der Steuerpflichtige die 6-Monats-Frist bzw. eine ihm gewährte Verlängerung, kann sich seine Steuerschuld um einen Strafzuschlag und gegebenenfalls Verzugszinsen erhöhen. Im Falle eines Rechtsstreits oder einer gerichtlichen Auseinandersetzung wegen der Erbschaft werden die Fristen gehemmt. Sie beginnen dann mit Bekanntgabe des rechtskräftigen Urteils von neuem zu laufen.

27.8.3. Veranlagung von Amts wegen oder Selbstveranlagung

Die Steuerpflichtigen haben das Wahlrecht zwischen der Veranlagung von Amts wegen und der Selbstveranlagung.

Bei der *Veranlagung von Amts wegen* sind sie lediglich verpflichtet, die den Steuertatbestand betreffenden Unterlagen vorzulegen.Das Finanzamt ermittelt die Steuerschuld in diesem Fall von Amts wegen. Zu diesem Zweck gibt der Steuerpflichtige dem Finanzamt in einer Liste die erworbenen Gegenstände und Rechte mit Wertangabe einschließlich der abzugsfähigen Lasten und Schulden sowie des Zustellungsortes an.

---

[239] Vgl. dazu Art. 4 der Durchführungsverordnung (DVO)/spanErbStG.

Außerdem sind bei Erbschaft noch vorzulegen:

- Todesfallbescheinigung (Internationale Sterbeurkunde[240]),
- beglaubigte Kopie des Testaments oder - bei gesetzlicher Erbfolge - Angabe des Verwandschaftsgrades mit dem Erblasser,
- Erbschein und beglaubigte spanische Übersetzung - jeweils mit Apostille;
- urkundsmäßige Nachweise der abzugsfähigen Lasten und Schulden einschließlich von Konten bei Kreditinstituten, Anteilen an nicht börsennotierten Gesellschaften und
- Kaufvertrag des Erblassers über Grundstücke.

Des weiteren beizufügen ist auch die Vermögensteuererklärung des Begünstigten (betreffend das Vorvermögen; nur soweit dieses 64 Mio. Ptas. übersteigt) bzw. dessen Erklärung, das sein Vorvermögen nicht 64 Mio. Ptas übersteigt.

Die *Selbstveranlagung* (*„autoliquidación"*)[241] ist nur zulässig, wenn alle Begünstigten eines Erbfalles in die Steuererklärung eingeschlossen werden und diese den Gesamtvermögenserwerb umfaßt. Bei Schenkung ist die Selbstveranlagung zulässig, wenn sie den Gesamtvermögenserwerb umfaßt. Abzugeben ist die Selbstveranlagung auf amtlichem Vordruck. Den selbst errechneten Betrag hat der Steuerpflichtige beim Finanzamt einzuzahlen. Unter Vorlage der darauf erteilten Quittung kann er dann etwa die Eigentumsumschreibung im Eigentumsregister/Grundbuch beantragen.[242]

27.8.4. Teilsteuererklärung

Art. 35 sieht für den Steuerpflichtigen eine Möglichkeit vor, um vor endgültiger Veranlagung bereits in den Genuß von Vermögensvorteilen aus der Erbschaft bzw. der Lebensversicherung zu gelangen. Auf Antrag kann eine *Teilsteuererklärung* abgegeben werden - allerdings ausschließlich zum Zwecke des Empfangs von Leistungen aus Lebensversicherungen, des Ein-

---

[240] Dazu bereits oben Kapitel 16.1., S. 60.
[241] Vgl. Art. 13 ff. der DVO/spanErbStG;
[242] Zum Verfahren s. *Gantzer* S. 94.

zugs von Forderungen von Gegenständen, fälliger Guthaben, Wertpapieren oder Geld im Depot oder vergleichbaren Hinterlegungsstellen. Der Nachweis der (Teil-)Steuerzahlung[243] dient dann als Nachweis der Empfangsberechtigung.

27.9. Informationspflichten und Wirkung der Steuerzahlung

Alle Gerichte, Behörden und Register sowie Notare müssen den Steuerbehörden die Unterlagen übersenden, aus denen sich Anzeichen für eine Erbschaft- oder Schenkungsteuerpflicht ergibt.[244]

Nach Art. 33 [245] dürfen ohne den Nachweis der Steuerzahlung keine Gegenstände oder Rechte an den Rechtsnachfolger ausgehändigt, bescheinigt oder Zahlungen geleistet werden. Bei Zuwiderhandlungen wird eine Steuerbuße verhängt. Zudem haben Dokumente, die einen Rechtswechsel beurkunden, ohne den Nachweis der Erbschaft- oder Schenkungsteuerzahlung keine rechtsverbindliche Wirkung. Das bedeutet, daß etwa die Erbfolge ohne diesen Nachweis nicht in das Eigentumsregister (Grundbuch) eingetragen wird.[246]

27.10. Steuerrepräsentant

Gemäß Art. 46 (span.) Abgabenordnung sind die beschränkt Steuerpflichtigen verpflichtet, einen Steuerrepräsentanten („*Representante fiscal*") in Spanien zu benennen, wenn mehr als ein Immobilienobjekt vorhanden ist. Insoweit verdient Erwähnung, daß die spanische Steuerverwaltung berechtigt ist, eine einmal aufgetretene Vertrauensperson (regelmäßig ein Fiskalvertreter, s.o.) des Steuerpflichtigen anzusprechen; auch kann sie Nachschätzungen an diesen schicken. Nach der gesetzlichen Vermutung in Art. 36 Ziff. 2 Satz 1 gilt der Einreicher der Steuererklärung allein aufgrund der

---

243 Nach Art. 35 Ziff. 3 gelten Teilveranlagungen als Vorauszahlungen auf die entsprechende Schlußveranlagung der jeweiligen Erbfolge.
244 Art. 32 spanErbStG: „Pflichten der Behörden, Beamten und Privatpersonen" mit ausführlicher Regelung in Ziff. 1 bis 6.
245 Regelung der „Rechtsfolgen der Nichtvorlage".
246 Art. 33 Abs. 1 spanErbStG.

Einreichung der Unterlagen als Bevollmächtigter der Steuerpflichtigen. Mit dem Zugang etwa der oben erwähnten Nachschätzung bei der einmal beauftragten Vertrauensperson beginnen die Rechtsmittelfristen zu laufen[247] - ohne daß der in Spanien überhaupt nicht ansässige Steuerpflichtige davon zu wissen braucht. Die Auswahl dieser Vertrauensperson als Steuerrepräsentant ist daher mit besonderer Sorgfalt vorzunehmen.[248]

27.11. *Stundung und Ratenzahlung*

Soweit kein tatsächlich oder ein nur schwer zu realisierender Nachlaß vorhanden ist, kann die Steuerschuld nach Art. 38 bis zu einem Jahr gestundet oder gegen Sicherheit in höchstens fünf gleichbleibenden Jahresraten gezahlt werden.[249] Dabei verpflichtet die Gewährung der Stundung zur Zahlung entsprechender Verzugszinsen.

Des weiteren sind in Art. 39 „Sonderfälle der Stundung und Ratenzahlung" vorgesehen. So wird demjenigen, der Betriebsvermögen erwirbt, auf Antrag eine Stundung von drei Jahren gewährt, verzinst nach dem jeweiligen Basiszins der Bank von Spanien. Anschließend wird auf Antrag die verzinsliche Zahlung der Steuerschuld in nunmehr 10 Halbjahresraten bewilligt.[250]

Gleiches gilt für den Erwerb einer Familienwohnung, wenn der Erbe der Ehegatte, Verwandte auf- oder absteigender Linie oder der Verschwägerte ist, soweit er im letzteren Fall älter als 65 Jahre ist und mit dem Erblasser während der letzten zwei Jahre vor dem Erbfall zusammengelebt hat.[251]

---

[247] Vgl. Art. 36 Ziff. 2 Satz 2 spanErbStG („sämtliche Zustellungen [an den Bevollmächtigten] haben dieselben Rechtswirkungen wie Zustellungen, die direkt an die Beteiligten erfolgen").

[248] Vgl. *Brandt/Palanco Bührlen* S. 88.

[249] Art. 38 Ziff. 1 bzw. Ziff. 2 spanErbStG.

[250] Art. 39 Ziff. 2 spanErbStG; nach früherer Rechtslage wurden 7,5 Halbjahresraten eingeräumt, vgl. *Selling* aaO, S. 101.

[251] Art. 39 Ziff. 3 spanErbStG.

28. Ausgleich der Doppelbesteuerung [252]

Ein Abkommen zwischen Deutschland und Spanien auf dem Gebiet der Erbschaft -und Schenkungsteuer, das die doppelte Besteuerung des Nachlasses vermeidet oder mildert, liegt - wie bereits erwähnt (oben Kapitel 1.4., S. 6 f.) - nicht vor. So kann es grundsätzlich durchaus vorkommen, daß *Spanien* das auf seinem Gebiet belegene Grundstück eines in Deutschland verstorbenen Erblassers gegenüber dessen in Spanien ansässigen Erben der beschränkten Steuerpflicht unterzieht *und* gleichzeitig der *deutsche Fiskus* dieses Auslandsvermögen im Rahmen der unbeschränkten Steuerpflicht zur Be-steuerung heranzieht.[253] In einem solchen Fall helfen nur die inner-staatlichen Maßnahmen weiter, die beide Staaten in ihren jeweiligen Steuer-gesetzen vorgesehen haben. So wird die Doppelbesteuerung üblicherweise durch die Technik der *Anrechnung* ausgeglichen (vgl. Art. 23 spanErbStG). Nach deutschem Recht (§ 21 ErbschStG) kann eine vergleichbare auslän-dische Erbschaftsteuer (also die spanische Erbschaftsteuer) auf Antrag auf die deutsche Steuer angerechnet werden. Einschränkend wird aber bestimmt, daß die spanische Steuer auch tatsächlich gezahlt sein muß und keinem Er-mäßigungsanspruch unterlegen haben darf. Zudem wird die Anrechnung be-grenzt auf den Teil der deutschen Steuer, der auf das Auslandsvermögen entfällt; zu diesem Zweck wird die deutsche Steuer im Verhältnis von Inlands- zu Auslandsvermögen aufgeteilt.

Von besonderer Bedeutung ist in diesem Zusammenhang, ob in die Anrech-nung auch die spanische Wertzuwachssteuer (*„Plus-Valía"*)[254] einzubezie-hen ist. Mittels dieser Steuer soll bei der Übertragung einer Immobilie der zwischen Erwerb und darauf folgender Weiterveräußerung oder erbweiser Übertragung erfolgte Wertzuwachs versteuert werden. Die *„Plus-Valía"* kann von erheblicher Belastung sein; im Erbfall wirkt sie wie eine

---

[252] S. oben Kapitel 27 Anm. 208.
[253] Vgl. oben Kapitel 27.6., S. 111 f.
[254] *„Impuesto sobre el incremento del valor de los terrenos de naturaleza urbana"*. Steuerschuldner bei unentgeltlicher Übertragung oder Erbschaft ist der Erwerber (Art. 107 des Gesetzes Nr. 39/1988 vom 28.12.1988 über die Wertzuwachssteuer). Dazu s.a. *Gantzer* S. 101.

Zusatzerbsteuer der Gemeinde. Wegen ihrer Belastung für die Erben ist es daher wichtig zu wissen, ob auch diese Steuer einer deutschen Erbschaftsteuer vergleichbar, und damit anrechenbar, ist. Nach zutreffender Ansicht[255] ist für die Frage der Vergleichbarkeit auf das Besteuerungsobjekt abzustellen. Beide Steuern - sowohl die spanische *Plus-Valía* wie auch die deutsche Erbschaftsteuer - knüpfen an den Erwerb von Todes wegen an. Insofern ist die Vergleichbarkeit zu bejahen, mithin sollte eine Anrechnung der geleisteten *Plus-Valía* zulässig sein.[256]

---

[255] *Selling* (aaO, Vorauflage) S. 102.
[256] *Selling* (Fn. 255). Frage offen gelassen von *Gantzer* S. 95 (bei im übrigen gutem Überblick „Steuern in Spanien" aaO, S. 99-110).

B.　MUSTER

1.　Errichtung eines offenen Testaments vor einem spanischen Notar

Urkundenrolle 137/1992

In Santa Cruz de Tenerife erscheint am 26. September 1992 um 17.15 Uhr vor mir Eduardo Rodríguez Sanz, Notar der Notarkammer von Las Palmas de Gran Canaria , der deutsche Staatsangehörige Hans Maurer, geboren am 29. April 1935 in Frankfurt am Main, ausgewiesen durch Reisepaß Nr. D 291615, ausgestellt in Hildesheim am 7. Dezember 1972, mit Wohnsitz in Hildesheim, Altgasse 7. Gegen die Testierfähigkeit des Erschienenen bestehen aufgrund meiner Wahrnehmungen keine Bedenken.

Der Erschienene drückt vor mir, den Zeugen und Dolmetschern seinen freien Willen aus, eine letztwillige Verfügung zu errichten, die ich als Notar in folgender Form verfasse:

1. *Er erkärt, Sohn des verstorbenen Otto Maurer und der gleichfalls verstorbenen Sophie Maurer zu sein, verheiratet mit Luise Maurer geb. Kohl, im gesetzlichen Güterstand.*

2. *Er besitzt ein Haus „Bella Vista", belegen in der Urbanisation EL Durazno, Calle de los Reyes Católicos, 6, Puerto de la Cruz, Tenerife, erworben durch notariellen Kaufvertrag vom 2. April 1964 vor dem Notar José Pena Llorente in Puerto de la Cruz, Tenerife, mit dem dazugehörigen Mobiliar. Hinsichtlich der genannten Gegenstände setzt er zu seiner Alleinerbin ein seine Ehefrau Luise Maurer geb. Kohl, geb. am 21. August 1939 in Hamburg, deutsche Staatsangehörige, mit dem Reisespaß Nr. D 2916114, ausgestellt am 7. Dezember 1972 in Hildesheim, wohnhaft in Hildesheim, Altgasse 7.*

3. *Sollte die genannte Ehefrau vor dem Testator versterben, so werden hinsichtlich der in diesem Testament genannten Vermögensgegenstände als gemeinschaftliche Erben eingesetzt die beiden Kinder beider Eheleute, nämlich*

     Eberhard Maurer, geb. am 1. Mai 1964 in Hildesheim, Altgasse 7,

     Christine Maurer, geb. am 18. Mai 1966 in Hildesheim, Altgasse7.

Die erschienenen Zeugen sind volljährig und als solche geeignet, wie sie versichern. Sie hören und verstehen den Testator und beurteilen, daß er die Fähigkeit zur Errichtung dieses Testaments besitzt, nämlich der österreichische Staatsangehörige Otto Atzmann, der niederländische Staatsangehörige Josua Schippers, beide wohnhaft in dieser Stadt, und Agustín Mesa Torres, Bewohner von El Sauzal. Vereidigte Dolmetscher sind José Samper

Brons, wohnhaft in El Sauzal, und Pedro Ripol, Einwohner von Barcelona. Ich lese dieses Testament vollständig, mit lauter Stimme und auf einmal vor, nachdem die Erschienenen auf ihr Recht hingewiesen wurden, es selbst zu lesen, worauf sie verzichteten. Nachdem von dem Inhalt Kenntnis genommen, dieser in die deutsche Sprache übersetzt worden ist, bestätigt der Testator, daß dieser mit dem von ihm erklärten Willen übereinstimme.

[Sodann unterzeichnen sämtliche Erschienenen]

Ich, der Notar, erkläre zu öffentlichem Glauben, daß die zuvor näher bezeichneten Förmlichkeiten und das im übrigen in diesem Testament enthaltene beachtet worden sind.

[Unterschrift des Notars]

2. Testamentsbeurkundung vor einem deutschen Notar

Urkundenrolle 143/1993

Vor dem unterzeichneten Notar erschien heute, am 17. Oktober 1993 die ihm persönlich bekannte Frau Rosemarie García Setién geb. Spengler, deutsche Staatsangehörige, wohnhaft in Frankfurt am Main, Corneliusstraße 4, geboren am 7. August 1941 in Berlin, und erklärte, ihr Testament errichten zu wollen. An ihrer Testierfähigkeit bestand kein Zweifel.

Sie erklärte mündlich ihren letzten Willen mit folgendem Inhalt:

Hiermit setze ich meinen Ehemann Fernando García Setién als meinen alleinigen Erben ein.

Die Niederschrift wurde vorgelesen, von der Erblasserin genehmigt und eigenhändig unterschrieben.

Unterschriften und Dienstsiegel

3. Beurkundung eines gemeinschaftlichen Testaments vor einem deutschen Konsul

Vor mir, Dr. Fritz Hartmann, Konsul der Bundesrepublik Deutschland in Alicante/Spanien, erschienen heute, am 20. Oktober 1976, die deutschen Staatsangehörigen, die Eheleute Otto von Hoffmann, wohnhaft in Benisa/Alicante, ausgewiesen durch Tarjeta de Residencia Nr. G 13197, und seine Ehefrau Hilde von Hoffmann geb. Kiebig, wohnhaft daselbst, ausgewiesen durch Tarjeta de Residencia nr. C 13594, und erklärten, gemeinschaftlich ein Testament errichten zu wollen. Der protokollierende Konsul stellte im Laufe eines Vorgesprächs die Testierfähigkeit beider Erblasser fest. Diese erklärten mündlich ihren letzten Willen mit folgenden Worten:

Wir setzen uns gegenseitig als alleinige Erben in der Weise ein, daß der Überlebende Vollerbe sein soll. Der Längstlebende von uns soll zu gleichen Teilen von unseren Kindern beerbt werden. Ersatzerben für unsere Kinder sollen jeweils deren Abkömmlinge entsprechend der gesetzlichen Erbfolge sein.

Die Niederschrift wurde den Erschienenen vorgelesen, von ihnen genehmigt und wie folgt eigenhändig unterschrieben:

Konsulatssiegel

Datum

Unterschriften.

4. Privatschriftliches Testament [1]

Lüneburg, am 26. Juni 1988

Mein letzter Wille

Als meine Erben setze ich ein:

1. meine Ehefrau Laura Brendt geb. Stein, auf die Hälfte meines Nachlasses;

2. zu gleichen Teilen meine Kinder Klaus und Eva sowie die Kinder , die etwa noch geboren werden, auf die andere Hälfte meines Nachlasses.

Eduard Brendt
Lüneburg, Husumer Weg 12

---

[1] Um gültig zu sein, muß ein *privatschriftliches Testament* in vollem Umfange vom Erblasser *handschriftlich geschrieben* und von diesem auch - mit Vor- und Nachnamen - *unterschrieben* sein.

5. *Auszug aus dem Zentralen spanischen Nachlaßregister (Madrid)*

Justizministerium	Generaldirektion für die Register und das Notariat	Organisations- und Funktionsabteilung des Zentralen Nach- laßregisters
Bescheinigung		**Nr.**
1. Nachname des Ver- storbenen	2. Nachname des Ver- storbenen	Vorname
Name des Vaters	Name der Mutter	Geburtsort
männlich/weiblich	Stand des Verstorbenen	Sterbetag

Aufgrund der Überprüfung des Registers durch den zuständigen Beamten wird mitgeteilt, daß die oben näher bezeichnete Person ....

ein Testament errichtete ....

Madrid, Tag des Bürostempels

Der Generaldirektor   Der Abteilungsleister

6. Spanisches Erbzeugnis bei gesetzlicher Erbfolge

In meiner Eigenschaft als Geschäftsstellenleiter des Gerichts I. Instanz von Sagunt und seines Gerichtsbezirks beglaubige und beurkunde ich folgendes:

Aufgrund des Antrags von Herrn Emilio Bahilo García auf Ausstellung eines Erbzeugnisses wegen gesetzlicher Erbfolge nach dem verstorbenen Emilio Bahilo Sánchez befindet sich unter dem Aktenzeichen 246/1975 folgende gerichtliche Entscheidung:

„Sagunt am 5. November 1975

Tatbestand:

Herr Emilio Bahilo García, volljährig, verheiratet, Einwohner von Sagunt, wohnhaft in der Calle San Francisco 30, beantragte vor diesem Gericht die Ausstellung eines Erbzeugnisses nach seinem verstorbenen Vater, Herrn Emilio Bahilo Sánchez, ohne Hinterlassung eines Testaments verstorben am 31. Januar 1957 in der Gemeinde Petres, deren Bürger er war. Aus der einzigen Ehe des Verstorbenen sind zwei Kinder hervorgegangen, nämlich Emilio und Presentación Bahilo García. All dies wird durch Beibringung entsprechender Todes-, Heirats- sowie Geburtsbescheinigung bewiesen. Aus dem zentralen Nachlaßregister geht hervor, daß der Erblasser erscheint als Emilio Bahilo Sanchez, Sohn des José und der María, gebürtig in Petres, verheiratet, verstorben am 31. Januar 1957, ohne Hinterlassung eines Testaments unter Angebot der Zeugenvernehmung.

Am 4. November des laufenden Jahres wurde die Genehmigung des Antragstellers in dem Eingangsschreiben beschlossen. Am gleichen Tage wurden auch hierfür geeignete Zeugen ohne gesetzlichen Ablehnungsgrund vernommen, die in vollem Umfange die behaupteten Umstände bestätigten. Alsdann wurde der Vorgang dem Amtsanwalt zugeleitet, der im Sinne des Antrags entschied.

Gründe:

Aufgrund der Bestimmungen der Artikel 912 und 913 des Código Civil findet die gesetzliche Erbfolge statt, wenn jemand ohne Hinterlassung eines Testaments verstirbt und mangels eingesetzter Erben die Erbschaft den Verwandten des Verstorbenen anfällt aufgrund der Regeln, die der Código Civil bestimmt, wobei gemäß Artikel 930 mit denjenigen begonnen wird, die in direkter Linie vom Erblasser abstammen.

Gemäß Artikel 931 des Código Civil beerben die gesetzmäßigen Kinder ihre Eltern und weiteren Verwandten aufsteigender Linie, ohne daß eine Unterscheidung nach Geschlecht oder Alter vorgenommen wird, selbst wenn sie aus verschiedenen Ehen stammen. Demgemäß beerben sie ihre verstorbenen Eltern hinsichtlich ihrer Güter, Rechte und Forderun-

gen, die diesen zustanden. Da im Zeitpunkt des Versterbens der überlebende Ehegatte nicht geschieden war, hat er einen Anspruch auf Nießbrauch, der gleich groß ist wie das Noterbrecht eines jeden gesetzmäßigen Kindes gemäß Artikel 834 des Código Civil. Aufgrund der eingereichten Bescheinigungen und der Zeugenvernehmung wird das beantragte Erbzeugnis zugunsten der beiden Kinder des Verstorbenen erteilt unter Berücksichtigung des der Witwe zustehenden gesetzlichen Anteils nach dem verstorbenen Emilio Bahilo Sánchez, verheiratet mit Presentación García Andrés, der ohne Hinterlassung eines Testaments verstarb. Beachtung fanden die erwähnten Artikel des Código Civil sowie Artikel 979 der Zivilprozeßordnung.

Das Gericht erklärte vor mir, dem Geschäftsstellenleiter:

Gesetzliche Erben zu gleichen Teilen nach dem verstorbenen Emilio Bahilo Sánchez sind seine Kinder Emilio und Presentación Bahilo García unter Berücksichtigung des gesetzlichen Nießbrauchsanteils der Witwe.

gez. D. Leopoldo Carbonell Suñer, Richter I. Instanz von Sagunt und seines Gerichtsbezirks.

Leopoldo Carbonell.- Vor mir R. Puchades.- Unterzeichnet."

Der wiedergegebene Beschluß ist rechtskräftig.

Das hier Wiedergegebene stimmt mit dem Original überein. Dies wird durch Unterschrift bescheinigt in Sagunt am 10. November 1975.

7. Erbschein (nach deutschem Recht)

Amtsgericht Wiesbaden
Geschäfts-Nr. VI 779/75

Wiesbaden, den 21. Oktober 1975
- Nachlaßgericht -

Erbschein

Der am 13. Mai 1927 in Wiesbaden geborene,
zuletzt in Wiesbaden-Biebrich wohnhaft gewesene

Anton E b e r t, Bauingenieur,

ist am 5. Oktober 1975 in Frankfurt am Main verstorben und beerbt worden von

seiner Ehefrau
Marianne E b e r t geb. Amberg,
geb. am 10.09.1935,
Wiesbaden-Biebrich,
Mainzer Straße 6

- a l l e i n -.

(Müller)
Amtsgerichtsdirektor

C. CHECKLISTEN

1.

Checkliste für den deutschen Erblasser mit Vermögen in Spanien

---

- Kommt bereits zu Lebzeiten des Erblassers eine Vollrechtsübertragung von in Spanien belegenen Vermögenswerten in Betracht? Gegebenenfalls unter Einräumung eines Nießbrauchsrechts auf Lebenszeit zu seinen Gunsten?

- Aufstellung eines Vermögensverzeichnisses der in Spanien belegenen Vermögenswerte (Immobiliarvermögen, Bankkonten, Bankdepots, Wertsachen); Zusammenstellung und Ordnung der entsprechenden Dokumente.

- Einräumung von Vollmachten, möglichst in notarieller oder konsularischer Form, zugunsten von Vertrauenspersonen, die z.B. auch in Fällen von schwerer Krankheit des Erblassers für diesen Verfügungen vornehmen können. Einräumung von Bankvollmachten für Vertrauenspersonen? Für Eheleute empfehlenswert: Eröffnung von „Oder"-Konten mit alleiniger Verfügungsbefugnis eines jeden der Ehegatten.

- Prüfung der Erbsituation - gegebenenfalls Errichtung einer letztwilligen Verfügung. [Dabei ist dann zu beachten, daß im Verhältnis Deutschland/Spanien *keine* Nachlaßspaltung stattfindet; auch wenn Vermögen des deutschen Erblassers in Spanien belegen ist, gilt für die Erbfolge nach seinem Tod einheitlich deutsches Recht.]

- Mitteilung von letztwilligen Verfügungen, die vor deutschen Notaren protokolliert wurden und Bezug zu Vermögen in Spanien haben, an das spanische *Zentrale Nachlaßregister* in Madrid.

- Bei Nachlaßvermögen sowohl in Deutschland als auch in Spanien kann sich für das spanische Vermögen ein Vermächtnis empfehlen, mithin die Zuwendung eines oder mehrerer in Spanien belegener Einzelgegenstände (etwa ein Appartement, Finca) an eine bestimmte Person - unabhängig von der für das Vermögen in Deutschland angeordneten Erbfolge.

- Prüfung, ob der Erblasser im spanischen „Grundbuch" (*Registro de la Propiedad)* als Eigentümer eingetragen ist und beispielsweise für einen Bungalow eine Neubauerklärung vorliegt (*Declaración de obra nueva*). In Zweifelsfällen sollte ein entsprechender Auszug aus dem Eigentumsregister angefordert werden.

- Der Erblasser sollte die Personen bestimmen, die von seinem Ableben persönlich benachrichtigt werden sollen.

- Konsultieren Sie in Zweifelsfällen einen sachkundigen Berater! Nichtige letztwillige Verfügungen oder langwierige Rechtsstreitigkeiten zwischen den Erben können auf diese Weise vermieden, das Prozeßrisiko zumindest erheblich verringert werden.

2.

Checkliste für den Erben von in Spanien belegenem Vermögen

- Beantragen Sie bei dem deutschen Standesamt des Sterbeortes eine internationale Sterbeurkunde, bei Sterbeort in Spanien eine spanische nationale Sterbeurkunde (*Certificado de defunción*).

- Sichern Sie den Nachlaß in Spanien durch geeignete Maßnahmen. Beauftragen Sie (dortige) Nachbarn oder Freunde mit Sicherungsmaßnahmen.

- Errichten Sie ein Nachlaßinventar und schlagen Sie - bei Überschuldung des Nachlasses - innerhalb der gesetzlichen Frist die Erbschaft aus.

- Leiten Sie unverzüglich die Umschreibung von spanischem Immobilienvermögen in die Wege; prüfen Sie dabei znächst die „Grundbuchsituation" des Erblassers beim zuständigen Eigentumsregister.

- Prüfen Sie, ob privatschriftliche oder öffentliche letztwillige Verfügungen des Erblassers in Deutschland oder in Spanien vorliegen durch Anfrage bei dem zuständigen deutschen Nachlaßgericht bzw. beim spanischen Zentralen Nachlaßregister in Madrid.

- Antrag auf Erbscheinserteilung in Deutschland nach gerichtlicher Eröffnung letztwilliger Verfügungen des Erblassers oder
- Antrag auf gerichtliche Feststellung des Erbrechts im Rahmen eines besonderen Verfahrens.

- Fertigung beglaubigter Übersetzungen eines deutschen Erbscheins bzw. deutschsprachiger öffentlicher Testamente oder von Erbverträgen in die spanische Sprache; Anbringung der Apostille nach dem Haager Abkommen auf vorbezeichneten inländischen Urkunden (also einschließlich der Übersetzungen).

- Beachten Sie die Fristen für die notarielle oder konsularische Protokollierung der Erbschaftsannahme in Bezug auf das in Spanien belegene Vermögen und für die Abgabe der spanischen Erbschaftsteuererklärung (sechs Monate). Erforderlichenfalls Stellung eines Antrags auf Fristverlängerung.

- Zahlung der spanischen Erbschaftsteuer und Wertzuwachssteuer wie auch der Registergebühren beim „Grundbuchamt" (Eigentumsregister; Voraussetzung für die Umschreibung).

- Auch für den Erben gilt der Ratschlag, in Zweifelsfällen einen fachkundigen Berater hinzuzuziehen!

D. ANHANG - GESETZESTEXTE

1. Internationale Abkommen und Verträge

a) *Haager Übereinkommen über das auf die Form letztwilliger Verfügungen anzuwendende Recht*[1]

Artikel 1

1. Eine letztwillige Verfügung ist hinsichtlich ihrer Form gültig, wenn diese dem innerstaatlichen Recht entspricht:

   a) des Ortes, an dem der Erblasser letztwillig verfügt hat, oder

   b) eines Staates, dessen Staatsangehörigkeit der Erblasser im Zeitpunkt, in dem er letztwillig verfügt hat, oder im Zeitpunkt seines Todes besessen hat, oder

   c) eines Ortes, an dem der Erblasser im Zeitpunkt, in dem er letztwillig verfügt hat, oder im Zeitpunkt seines Todes seinen Wohnsitz gehabt hat, oder

   d) des Ortes, an dem der Erblasser im Zeitpunkt, in dem er letztwillig verfügt hat, oder im Zeitpunkt seines Todes seinen gewöhnlichen Aufenthalt gehabt hat, oder

   e) soweit es sich um unbewegliches Vermögens handelt, des Ortes, an dem sich dieses befindet.

2. Ist die Rechtsordnung, die auf Grund der Staatsangehörigkeit anzuwenden ist, nicht vereinheitlicht, so wird für den Bereich dieses Übereinkommens das anzuwendende Recht durch die innerhalb dieser Rechtsordnung geltenden Vorschriften, mangels solcher Vorschriften durch die engste Verbindung bestimmt, die der Erblasser zu einer der Teilrechtsordnungen gehabt hat, aus denen sich die Rechtsordnung zusammensetzt.

3. Die Frage, ob der Erblasser an einem bestimmten Ort einen Wohnsitz gehabt hat, wird durch das an diesem Ort geltende Recht geregelt.

Artikel 2

1. Artikel 1 ist auch auf letztwillige Verfügungen anzuwenden, durch die eine frühere letztwillige Verfügung widerrufen wird.

2. Der Widerruf ist hinsichtlich seiner Form auch dann gültig, wenn diese einer der Rechtsordnungen entspricht, nach denen die widerrufene letztwillige Verfügung gemäß Artikel 1 gültig gewesen ist.

Artikel 3

Dieses Übereinkommen berührt bestehende oder künftige Vorschriften der Vertragsstaaten nicht, wodurch letztwillige Verfügungen anerkannt werden, die der Form nach entsprechend einer in den vorangehenden Artikeln nicht vorgesehenen Rechtsordnung errichtet worden sind.

Artikel 4

Dieses Übereinkommen ist auch auf die Form letztwilliger Verfügungen anzuwenden, die zwei oder mehrere Personen in derselben Urkunde errichtet haben

Artikel 5

Für den Bereich dieses Übereinkommens werden die Vorschriften, welche die für letztwillige Verfügungen zugelassenen Formen mit Beziehung auf das Alter, die Staatsangehörigkeit oder anfdere persönliche Eigenschaften des Erblassers beschränken, als zur Form gehörend angesehen. Das gleiche gilt für Eigenschaften, welche die für die Gültigkeit einer letztwilligen Verfügung erforderlichen Zeugen besitzen müssen.

---

[1] Kurz: „Haager Testamentsformabkommen" vom 5.10.1961, BGBl. 1965 II, S. 1145.

Artikel 6

Die Anwendung der in diesem Übereinkommen aufgestellten Regeln über das anzuwendende Recht hängt nicht von der Gegenseitigkeit ab. Das Übereinkommen ist auch dann anzuwenden, wenn die Beteiligten nicht Staatsangehörige eines Vertragsstaates sind oder das auf Grund der vorangehenden Artikel anzuwendende Recht nicht das eines Vertragsstaates ist.

Artikel 7

Die Anwendung eines durch dieses Übereinkommen für maßgebend erklärten Rechtes darf nur abgelehnt werden, wenn sie mit der öffentlichen Ordnung offensichtlich unvereinbar ist.

Artikel 8

Dieses Übereinkommen ist in allen Fällen anzuwenden, in denen der Erblasser nach dem Inkrafttreten des Übereinkommens gestorben ist.

Artikel 9

Jeder Vertragsstaat kann sich, abweichend von Artikel 1 Abs. 3, das Recht vorbehalten, den Ort, an dem der Erblasser seinen Wohnsitz gehabt hat, nach dem am Gerichtsort geltenden Recht zu bestimmen.

Artikel 10

Jeder Vertragsstaat kann sich das Recht vorbehalten, letztwillige Verfügungen nicht anzuerkennen, die einer seiner Staatsangehörigen, der keine andere Staatsangehörigkeit besaß, ausgenommen den Fall außergewöhnlicher Umstände, in mündlicher Form errichtet hat.

Artikel 11

1. Jeder Vertragsstaat kann sich das Recht vorbehalten, bestimmte Formen im Ausland errichteter letztwilliger Verfügungen auf Grund der einschlägigen Vorschriften seines Rechts nicht anzuerkennen, wenn sämtliche der folgenden Voraussetzugen erfüllt sind:
   a) Die letztwillige Verfügung ist hinsichtlich ihrer Form nur nach einem Recht gültig, das ausschließlich auf Grund des Ortes anzuwenden ist, an dem der Erblasser sie errichtet hat,
   b) der Erblasser war Staatsangehöriger des Staates, der den Vorbehalt erklärt hat,
   c) der Erblasser hatte in diesem Staat einen Wohnsitz oder seinen gewöhnlichen Aufenthalt und
   d) der Erblasser ist in einem anderen Staat gestorben als dem, wo er letztwillig verfügt hatte.
2. Dieser Vorbehalt ist nur für das Vermögen wirksam, das sich in dem Staate befindet, der den Vorbehalt erklärt hat.

Artikel 12

Jeder Vertragsstaat kann sich das Recht vorbehalten, die Anwendung dieses Übereinkommens auf Anordnungen in einer letztwilligen Verfügung auszuschließen, die nach seinem Recht nicht erbrechtlicher Art sind.

Artikel 13

Jeder Vertragsstaat kann sich, abweichend von Artikel 8, das Recht vorbehalten, dieses Übereinkommen nur auf letztwillige Verfügungen anzuwenden, die nach dessen Inkrafttreten errichtet worden sind.

b) Genfer UN-Abkommen über die Rechtsstellung der Flüchtlinge [2]

Artikel 12 - Personalstatut

1. Das Personalstatut jedes Flüchtlings bestimmt sich nach dem Recht des Landes seines Wohnsitzes oder, in Ermangelung eines Wohnsitzes, nach dem Recht seines Aufenthaltslandes.
2. Die von einem Flüchtling vorher erworbenen und sich aus seinem Personalstatut ergebenden Rechte, insbesondere die aus der Eheschließung, werden von jedem vertragschließenden Staat geachtet, gegebenenfalls vorbehaltlich der Formalitäten, die nach dem in diesem Staat geltenden Recht vorgesehen sind. Hierbei wird jedoch unterstellt, daß das betreffende Recht zu demjenigen gehört, das nach den Gesetzen dieses Staates anerkannt worden wäre, wenn die in Betracht kommende Person kein Flüchtling geworden wäre.
...

Artikel 7

(1) Vorbehaltlich der Vorschriften des Artikels 8 wird die Zuständigkeit der Gerichte im Ursprungsstaat im Sinne des Artikels 4 Nummer 1 anerkannt,
1. ....
11. wenn mit der Klage ein Recht an einer unbeweglichen Sache oder ein Anspruch
aus einem Recht an einer solchen Sache geltend gemacht worden ist und die unbewegliche Sache im Ursprungsstaat belegen ist;
...
13. wenn die Klage in einer Erbschaftssache erhoben worden ist und der Erblasser Angehöriger des Ursprungsstaates war oder seinen letzten Wohnsitz oder gewöhnlichen Aufenthalt im Ursprungsstaat hatte, ohne Rücksicht darauf, ob zu dem Nachlaß bewegliche oder unbewegliche Sachen gehören;
...

c) Deutsch-spanischer Anerkenungs- und Vollstreckungsvertrag [3]

[Zweiter Abschnitt - Anerkennung gerichtlicher Entscheidungen]

Artikel 4

Die Entscheidungen der Gerichte des einen Vertragsstaates sind in dem anderen Vertragsstaat anzuerkennen, wenn
1. die Zuständigkeit der Gerichte des Ursprungsstaates nach Artikel 7 oder 8 dieses
Vertrages anzuerkennen ist und
2. die Entscheidung im Ursprungsstaat Rechtskraft erlangt hat.

---

[2]   Kurz: „Genfer Flüchtlings-Konvention", GFK, vom 28. 7. 1951, BGBl. 1953 II, S. 560.

[3]   „Deutsch-spanischer Vertrag über die Anerkennung und Vollstreckung von gerichtlichen Entscheidungen und Vergleichen sowie vollstreckbaren öffentlichen Urkunden in Zivil- und Handelssachen" vom 14.11.1983, BGBl. 1987 II, S. 35.

2. Deutsche Gesetze und Verordnungen

a) *Bürgerliches Gesetzbuch (BGB)* [4]

§ 1371 *[Ausgleich des Zugewinns im To-desfall]*

(1) Wird der Güterstand durch den Tod eines Ehegatten beendet, so wird der Ausgleich des Zugewinns dadurch ver-wirklicht, daß sich der gesetzliche Erbteil des überlebenden Ehegatten um ein Viertel der Erbschaft erhöht; hierbei ist unerheblich, ob die Ehegatten im einzel-nen Fall einen Zugewinn erzielt haben.

(2) Wird der überlebende Ehegatte nicht Erbe und steht ihm auch kein Vermächt-nis zu, so kann er Ausgleich des Zuge-winns nach den Vorschriften der §§ 1373-1383, 1390 verlangen; der Pflichtteil des überlebenden Ehegatten oder eines an-deren Pflichtteilsberechtigten bestimmt sich in diesem Falle nach dem nicht er-höhten gesetzlichen Erbteil des Ehegat-ten.

(3) Schlägt der überlebende Ehegatte die Erbschaft aus, so kann er neben dem Ausgleich des Zugewinns den Pflichtteil auch dann verlangen, wenn dieser ihm nach den erbrechtlichen Bestimmungen nicht zustünde; dies gilt nicht, wenn er durch Vertrag mit seinem Ehegatten auf sein gesetzliches Erbrecht oder sein Pflichtteilsrecht verzichtet hat.

(4) Sind erbberechtigte Abkömmlinge des verstorbenen Ehegatten, welche nicht aus der durch den Tod dieses Ehegatten auf-gelösten Ehe stammen, oder erbersatzbe-rechtigte Abkömmlinge vorhanden, so ist der überlebende Ehegatte verpflichtet, diesen Abkömmlingen, wenn und soweit sie dessen bedürfen, die Mittel zu einer angemessenen Ausbildung aus dem nach Absatz 1 zusätzlich gewährten Viertel zu gewähren.

b) *Einführungsgesetz zum Bürgerli-chen Gesetzbuch (EGBGB)* [5]

Art. 14 - *Allgemeine Ehewirkungen*

(1) Die allgemeinen Wirkungen der Ehe unterliegen
1. dem Recht des Staates, dem beide Ehegatten angehören oder wäh-rend der Ehe zuletzt angehörten, wenn einer von ihnen diesem Staat noch angehört, sonst
2. dem Recht des Staates, in dem beide Ehegatten ihren gewöhnli-chen Aufenthalt haben oder wäh-rend der Ehe zuletzt hatten, wenn einer von ihnen dort noch seinen gewöhnlichen Aufenthalt hat, hilfs-weise
3. dem Recht des Staates, mit dem die Ehegatten auf andere Weise gemeinsam am engsten verbunden sind.

(2) Gehört ein Ehegatte mehreren Staaten an, so können die Ehegatten ungeachtet des Artikels 5 Abs. 1 das Recht eines die-ser Staaten wählen, falls ihm auch der andere Ehegatte angehört.

(3) .....

(4) Die Rechtswahl muß notariell beur-kundet werden. Wird sie nicht im Inland vorgenommen, so genügt es, wenn sie den Formerfordernissen für einen Ehever-trag nach dem gewählten Recht oder am Ort der Rechtswahl entspricht.

Art. 15 - *Güterstand*

(1) Die güterrechtlichen Wirkungen der Ehe unterliegen dem bei der Eheschlie-ßung für die allgemeinen Wirkungen der Ehe maßgebenden Recht. [6]

(2) Die Ehegatten können für die güter-rechtlichen Wirkungen ihrer Ehe wählen:
1. das Recht des Staates, dem einer von ihnen angehört,

---

[4] Vom 18.08.1896, BGBl. III 400-2.

[5] In der Fassung des Gesetzes zur Neureg-lung des Internationalen Privatrechts vom 19.06.1986, BGBl. 1986 I, S. 1142.

[6] Art. 14 EGBGB (Ehe[wirkungs]statut).

2. das Recht des Staates, in dem einer von ihnen seinen gewöhnlichen Aufenthalt hat, oder
3. für unbewegliches Vermögen das Recht des Lageortes.
(3) Art. 14. Abs. 4 gilt entsprechend.
(4) Die Vorschriften des Gesetzes über den ehelichen Güterstand von Vertriebenen und Flüchtlingen bleiben unberührt.[7]

Art. 16 - Schutz Dritter

(1) Unterliegen die güterrechtlichen Wirkungen einer Ehe dem Recht eines anderen Staates und hat einer der Ehegatten seinen gewöhnlichen Aufenthalt im Inland oder betreibt er hier ein Gewerbe, so ist § 1412 des Bürgerlichen Gesetzbuches entsprechend anzuwenden; der fremde gesetzliche Güterstand steht einem vertragsmäßigen gleich.
(2) Auf im Inland vorgenommene Rechtsgeschäfte ist § 1357, auf hier befindliche bewegliche Sachen § 1362, auf ein hier betriebenes Erwerbsgeschäft sind die §§ 1431, 1456 des Bürgerlichen Gesetzbuches[8] sinngemäß anzuwenden, soweit diese Vorschriften für gutgläubige Dritte günstiger sind als das fremde Recht.

Art. 25 - Rechtsnachfolge von Todes wegen

(1) Die Rechtsnachfolge von Todes wegen unterliegt dem Recht des Staates, dem der Erblasser im Zeitpunkt seines Todes angehörte.
(2) Der Erblasser kann für im Inland belegenes unbewegliches Vermögen in der Form einer Verfügung von Todes wegen deutsches Recht wählen.

Art. 26 [9] - Verfügungen von Todes wegen

(1) Eine letztwillige Verfügung ist, auch wenn sie von mehreren Personen in derselben Urkunde errichtet wird, hinsichtlich ihrer Form gültig, wenn diese den Formerfordernissen entspricht
1. des Rechts eines Staates, dem der Erblasser ungeachtet des Artikels 5 Abs. 1 im Zeitpunkt, in dem er letztwillig verfügt hat, oder im Zeitpunkt seines Todes angehörte,
2. des Rechts des Ortes, an dem der Erblasser letztwillig verfügt hat,
3. des Rechts eines Ortes, an dem der Erblasser im Zeitpunkt, in dem er letztwillig verfügt hat, oder im Zeitpunkt seines Todes seinen Wohnsitz oder gewöhnlichen Aufenthalt hatte,
4. des Rechts des Ortes, an dem sich unbewegliches Vermögen befindet, soweit es sich um dieses handelt, oder
5. des Rechts, das auf die Rechtsnachfolge von Todes wegen anzuwenden ist oder im Zeitpunkt der Verfügung anzuwenden wäre.

c) Zivilprozeßordnung (ZPO) [10]

§ 27 - Besonderer Gerichtsstand der Erbschaft

1. Klagen, welche die Feststellung des Erbrechts, Ansprüche des Erben gegen einen Erbschaftsbesitzer, Ansprüche aus Vermächtnissen oder sonstigen Verfügungen von Todes wegen, Pflichtteilsansprüche oder die Teilung der Erbschaft zum Gegenstand haben, können vor dem Gericht erhoben werden, bei dem der Erblasser zur Zeit seines Todes den allgemeinen Gerichtsstand gehabt hat.
2. Ist der Erblasser ein Deutscher und hatte zur Zeit seines Todes im Inland keinen allgemeinen Gerichtsstand, so können die im Absatz 1 bezeichneten Klagen

---

[7] Vom 04.08.1969, BGBl. 1969 I, S. 1069 (Text u.a. bei *Jayme/Hausmann* Nr. 27 [S. 64 f.]).

[8] § 1357 BGB [Geschäfte zur Deckung des Lebensbedarfs, „Schlüsselgewalt"], § 1362 BGB [Eigentumsvermutungen], § 1431 BGB [Selbständiges Erwerbsgeschäft], § 1456 BGB [wie vor].

---

[9] Art. 26 Abs. 1-3 orientiert sich weitgehend an dem *Haager Testamentsformabkommen* v. 5.10.1961 [vgl. Art. 1, 2, 4 und 5 dieses Abkommens], s. dazu oben D 1 a, S. 131.

[10] Vom 12.09.1950, BGBl. 1950 I, S. 533.

vor dem Gericht erhoben werden, in dessen Bezirk der Erblasser seinen letzten inländischen Wohnsitz hatte; wenn er einen solchen Wohnsitz nicht hatte, so gilt die Vorschrift des § 15 Abs. 1 Satz 2 entsprechend.

§ 28 - Erweiterter Gerichtsstand der Erbschaft

In dem Gerichtsstand der Erbschaft können auch Klagen wegen anderer Nachlaßverbindlichkeiten erhoben werden, solange sich der Nachlaß noch ganz oder teilweise im Bezirk des Gerichts befindet oder die vorhandenen mehreren Erben noch als Gesamtschuldner haften.

d) Gesetz über die Angelegenheiten der Freiwilligen Gerichtsbarkeit (FGG) [11]

§ 73 - Örtliche Zuständigkeit

1. Die örtliche Zuständigkeit bestimmt sich nach dem Wohnsitz, den der Erblasser zur Zeit des Erbfalls hatte; in Ermangelung eines inländischen Wohnsitzes ist das Gericht zuständig, in dessen Bezirk der Erblasser zur Zeit des Erbfalls seinen Aufenthalt hatte.
2. Ist der Erblasser Deutscher und hatte er zur Zeit des Erbfalls im Inland weder Wohnsitz noch Aufenthalt, so ist das Amtsgericht Schöneberg in Berlin-Schöneberg zuständig. Es kann die Sache aus wichtigen Gründen an ein anderes Gericht abgeben; die Abgabeverfügung ist für dieses Gericht bindend.
3. Ist der Erblasser ein Ausländer und hatte er zur Zeit des Erbfalls im Inland weder Wohnsitz noch Aufenthalt, so ist jedes Gericht, in dessen Bezirk sich Nachlaßgegenstände befinden, in Ansehung aller im Inlande befindlichen Nachlaßgegenstände zuständig. Die Vorschriften des § 2369 Abs. 2 des Bürgerlichen Gesetzbuchs finden Anwendung.

e) Konsulargesetz [12]

§ 8 - Vornahme von Eheschließungen, Anzeige von Geburten und Sterbefällen

....

(3) Die Konsularbeamten sind befugt, über die Anzeige der Geburt oder den Tode eines Deutschen eine von ihnen und dem Anzeigenden zu unterschreibende Niederschrift aufzunehmen. Diese Niederschrift ist mit den vorgelegten Unterlagen dem Standesbeamten des Standesamtes I in Berlin (West) zu übersenden.

§ 9 - Überführung Verstorbener und Nachlaßfürsorge

(1) Sofern andere Möglichkeiten nicht gegeben sind, sollen die Konsularbeamten umgehend die Angehörigen der im Konsularbezirk verstorbenen Deutschen benachrichtigen und bei einer verlangten Überführung des Verstorbenen mitwirken.
(2) Die Konsularbeamten sind berufen, sich der in ihrem Konsularbezirk befindlichen Nachlässe von Deutschen anzunehmen, wenn die Erben unbekannt oder abwesend sind oder aus anderen Gründen ein Bedürfnis für ein amtliches Einschreiten besteht. Sie können dabei insbesondere Siegel anlegen, ein Nachlaßverzeichnis aufnehmen und bewegliche Nachlaßgegenstände, soweit die Umstände es erfordern, in Verwahrung nehmen oder veräußern. Sie können ferner Zahlungen von Nachlaßschuldnern entgegennehmen und Mittel aus dem Nachlaß zur Regelung feststehender Nachlaßverbindlichkeiten sowie von Verpflichtungen verwenden, die bei der Fürsorge für den Nachlaß entstanden sind.
(3) Können Erben oder sonstige Berechtigte nicht ermittelt werden, so können Nachlaßgegenstände oder Erlös aus deren Versteigerung an das Gericht des letzten Wohnsitzes des Erblassers im Inland oder - wenn sich ein solcher Wohnsitz nicht feststellen läßt - an das Amtsgericht Schöneberg in Berlin als Nachlaßgericht übergeben werden.

---

[11] Vom 17. 5. 1898, RGBl. I, S. 189.

[12] Vom 11. 9. 1974, BGBl. I, S. 2317.

§ 10 - Beurkundungen im allgemeinen

(1) Die Konsularbeamten sind befugt, über Tatsachen und Vorgänge, die sie in Ausübung ihres Amts wahrgenommen haben, Niederschriften oder Vermerke aufzunehmen, insbesondere
1. vor ihnen abgegebene Willenserklärungen und eidesstattliche Versicherungen zu beurkunden,
2. Unterschriften, Handzeichen sowie Abschriften zu beglaubigen oder sonstige einfache Zeugnisse [z.B. Lebensbescheinigungen] auszustellen.

(2) Die von einem Konsularbeamten aufgenommenen Urkunden stehen den von einem inländischen Notar aufgenommenen gleich.

(3) Für Verfahren bei der Beurkundung gelten die Vorschriften des Beurkundungsgesetzes vom 28. August 1969 (BGBl. I S. 1513) mit folgenden Abweichungen:
1. Urkunden können auf Verlangen auch in einer anderen als der deutschen Sprache errichtet werden.
2. Dolmetscher brauchen nicht vereidigt zu werden.
3. Die Abschrift einer nicht beglaubigten Abschrift braucht nicht beglaubigt zu werden.
4. Die Urschrift einer Niederschrift soll den Beteiligten ausgehändigt werden, wenn nicht einer von ihnen amtliche Verwahrung verlangt. In diesem Fall soll die Urschrift dem Amtsgericht Schöneberg in Berlin zur amtlichen Verwahrung übersandt werden. Hat sich einer der Beteiligten der Zwangsvollstreckung unterworfen, so soll die Urschrift der Niederschrift dem Gläubiger ausgehändigt werden, wenn die Beteiligten keine anderweitige Bestimmung getroffen haben und auch keiner von ihnen amtliche Verwahrung verlangt haben.
5. Solange die Urschrift nicht ausgehändigt oder an das Amtsgericht abgesandt ist, sind die Konsularbeamten befugt, Ausfertigungen zu erteilen. Vollstreckbare Ausfertigungen können nur von dem Amtsgericht erteilt werden, das die Urkunde verwahrt.

§ 11 - Besonderheiten für Verfügungen von Todes wegen

(1) Testamente und Erbverträge sollen die Konsularbeamten nur beurkunden, wenn die Erblasser Deutsche sind. Die §§ 2232, 2233 und 2276 des Bürgerlichen Gesetzbuchs sind entsprechend anzuwenden.

(2) Für die besondere amtliche Verwahrung[13] ist das Amtsgericht Schöneberg in Berlin zuständig. Der Erblasser kann jederzeit die Verwahrung bei einem anderen Amtsgericht verlangen.

(3) Stirbt der Erblasser, bevor das Testament oder der Erbvertrag an das Amtsgericht abgesandt ist, oder wird eine solche Verfügung nach dem Tode des Erblassers beim Konsularbeamten abgeliefert, so kann dieser die Eröffnung vornehmen. Die §§ 2260, 2261 Satz 2, 2273 und 2300 des Bürgerlichen Gesetzbuchs sind entsprechend anzuwenden.

§ 12 - Entgegennahme von Erklärungen

Die Konsularbeamten sind befugt,
1. Auflassungen entgegenzunehmen,
2. eidesstattliche Versicherungen abzunehmen, die zur Erlangung eines Erbscheines, eines Testamentsvollstreckerzeugnisses oder eines Zeugnisses über die Fortsetzung der Gütergemeinschaft abgegeben worden sind,
3. einem Deutschen auf dessen Antrag den Eid abzunehmen, wenn der Eid nach dem Recht eines ausländischen Staates oder nach den Bestimmungen einer ausländischen Behörde oder sonst zur Wahrnehmung von Rechten im Ausland erfoderlich ist.

---

[13] S. § 34 Beurkundungsgesetz (s. nachfolgend *D 2 f*), § 2258a BGB.

f) Beurkundungsgesetz [14]

[5. Besonderheiten für Verfügungen von Todes wegen]

§ 27 - Begünstigte Personen

Die §§ 7, 16 Abs. 3 Satz 2, 24 Abs. 2, 26 Abs. 1 Nr. 2 gelten entsprechend für Personen, die in einer Verfügung von Todes wegen bedacht oder zum Testamentsvollstrecker ernannt werden.

§ 28 - Feststellungen über die Geschäftsfähigkeit

Der Notar soll seine Wahrnehmungen über die erforderliche Geschäftsfähigkeit des Erblassers in der Niederschrift vermerken.

§ 29 - Zeugen, zweiter Notar

Auf Verlangen der Beteiligten soll der Notar bei der Beurkundung bis zu zwei Zeugen oder einen zweiten Notar zuziehen und dies in der Niederschrift vermerken. Die Niederschrift soll auch von diesen Personen unterschrieben werden,

§ 30 - Übergabe einer Schrift

Wird eine Verfügung von Todes wegen durch Übergabe einer Schrift errichtet, so muß die Niederschrift auch die Feststellung enthalten, daß die Schrift übergeben worden ist. Die Schrift soll derart gekennzeichnet werden, daß eine Verwechslung ausgeschlossen ist. In der Niederschrift soll vermerkt werden, ob die Schrift offen oder verschlossen übergeben worden ist. Von dem Inhalt einer offen übergebenen Schrift soll der Notar Kenntnis nehmen, sofern er der Sprache, in der die Schrift verfaßt ist, hinreichend kundig ist; § 17 ist anzuwenden. Die Schrift soll der Niederschrift beigefügt werden; einer Verlesung der Schrift bedarf es nicht.

§ 31 - Übergabe einer Schrift durch Stumme

Ein Erblasser, der nach seinen Angaben oder nach der Überzeugung des Notars nicht hinreichend zu sprechen vermag [§ 2233 Abs. 3 BGB], muß die Erklärung, daß die übergebene Schrift seinen letzten Willen enthalte, bei der Verhandlung eigenhändig in die Niederschrift oder auf ein besonderes Blatt schreiben, das der Niederschrift beigefügt werden soll. Das eigenhändige Niederschreiben der Erklärung soll in der Niederschrift festgestellt werden. Die Niederschrift braucht von dem behinderten Beteiligten nicht besonders genehmigt zu werden.

§ 32 - Sprachunkundige

Ist ein Erblasser, der dem Notar seinen letzten Willen erklärt, der Sprache, in der die Niederschrift aufgenommen wird, nicht hinreichend kundig und ist dies in der Niederschrift festgestellt, so muß eine schriftliche Übersetzung angefertigt werden, die der Niederschrift beigefügt werden soll. Der Erblasser kann hierauf verzichten; der Verzicht muß in der Niederschrift festgestellt werden.

§ 33 - Besonderheiten beim Erbvertrag

Bei einem Erbvertrag gelten die §§ 30 bis 32 entsprechend auch für die Erklärung des anderen Vertragschließenden.

§ 34 - Verschließung, Verwahrung

(1) Die Niederschrift über die Errichtung eines Testaments soll der Notar in einen Umschlag aufnehmen und diesen mit dem Prägesiegel verschließen. In dem Umschlag sollen auch die nach den §§ 30 bis 32 beigefügten Schriften genommen werden. Auf dem Umschlag soll der Notar den Erblasser seiner Person nach näher bezeichnen und angeben, wann das Testament errichtet worden ist; diese Aufschrift soll der Notar unterschreiben. Der Notar soll veranlassen, daß das Testament unverzüglich in besondere amtliche Verwahrung gebracht wird.

---

[14] Vom 28. 8.1969, BGBl. I, S. 1513.

(2) Beim Abschluß eines Erbvertrages gilt Absatz 1 entsprechend, sofern nicht die Vertragschließenden die besondere amtliche Verwahrung ausschließen; dies ist im Zweifel anzunehmen, wenn der Erbvertrag mit einem anderen Vertrag in derselben Urkunde verbunden wird.

§ 35 - Niederschrift ohne Unterschrift des Notars

Hat der Notar die Niederschrift über die Errichtung einer Verfügung von Todes wegen nicht unterschrieben, so ist die Beurkundung aus diesem Grunde nicht unwirksam, wenn er die Aufschrift auf dem verschlossenen Umschlag unterschrieben hat.

3. Spanische Gesetze, Dekrete und Verordnungen [15]

a) Código Civil (CC) [16]

[Kapitel IV - Internationales Privatrecht]

Artikel 9

Ziff. 1. Das Personalstatut natürlicher Personen bestimmt sich nach ihrer Staatsangehörigkeit. Nach diesem Gesetz richten sich die Rechtsfähigkeit, der Personenstand, Rechte und Pflichten in bezug auf die Familie sowie die Rechtsnachfolge von Todes wegen.
Der Wechsel des Personalstatuts beeinträchtigt nicht die Volljährigkeit, die aufgrund des früheren Personalstatuts erworben ist.
Ziff. 2. Die persönlichen Beziehungen zwischen den Ehegatten bestimmen sich nach ihrem letzten gemeinschaftlichen Heimatrecht während des Bestehens der Ehe und - sofern ein solches nicht vorliegt - nach dem Heimatrecht des Ehemannes zur Zeit der Eheschließung.
Ziff. 3. Die vermögensrechtlichen Beziehungen zwischen den Ehegatten bestimmen sich, sofern insoweit nach den Gesetzen eines der beiden Eheleute erlaubte Vereinbarungen nicht oder nicht in ausreichender Art und Weise getroffen worden sind, nach dem gleichen Recht wie die persönlichen Beziehungen. Der Wechsel der Staatsangehörigkeit berührt die güterrechtlichen Beziehungen zwischen den Eheleuten nicht, es sei denn, die Ehegatten haben dies so vereinbart, und ihr neues Heimatrecht steht dem nicht entgegen.
...
Ziff. 8. Die Rechtsnachfolge von Todes wegen richtet sich - unabhängig von der Rechtsnatur des Vermögens und des Landes, in dem sich dieses befindet -

nach dem Heimatrecht des Erblassers im Zeitpunkt seines Todes. Gleichwohl behalten Verfügungen, die testamentarisch oder in Erbverträgen zum Zeitpunkt der Errichtung nach dem Heimatrecht des Erblassers oder Verfügenden zustandegekommen sind, ihre Gültigkeit auch dann, wenn das Recht, nach dem sich die Erbfolge richtet, ein anderes ist; Pflichtteilsrechte unterstehen jedoch dem Erbstatut.
Ziff. 9. Fälle doppelter Staatsangehörigkeit, die die spanischen Gesetze vorsehen, bestimmen sich zu Zwecken dieses Kapitels nach den Regeln der entsprechenden internationalen Verträge; enthalten diese keine Vorschriften, so hat diejenige Staatsangehörigkeit den Vorrang, die mit dem letzten gewöhnlichen Wohnsitz übereinstimmt; ist ein solcher nicht vorhanden, so bestimmen sie sich nach der zuletzt erworbenen Staatsangehörigkeit.
Die spanische Staatsangehörigkeit hat jedoch den Vorrang, wenn der Betreffende zusätzlich eine andere besitzt, die nicht in unseren Gesetzen oder in internationalen Verträgen vorgesehen ist. Im Falle von zwei oder mehreren Staatsangehörigkeiten, von denen keine die spanische ist, gilt das in der folgenden Ziffer Bestimmte.
Ziff. 10. In Fällen des Nichtvorhandenseins oder der Unbestimmtheit der Staatsangehörigkeit wird als anwendbares, persönliches Recht das des gewöhnlichen Wohnsitzes angesehen.

Artikel 10

.....
Ziff. 11. Auf die gesetzliche Vertretung ist das Recht anzuwenden, dem das Rechtsverhältnis untersteht, aus welcher sich die Befugnisse des Vertreters herleiten, und auf die rechtsgeschäftliche Vertretung, sofern eine ausdrückliche Rechtswahl nicht vorliegt, das Recht des Landes, in dem die übertragenen Befugnisse ausgeübt werden.

---

[15] Nachfolgende spanische Gesetzesquellen zitiert nach *Löber/Peuster.* Gesetzesregister, S. 583-602.
[16] Vom 24.7.1889, Gaceta Nr. 206 vom 25.7.1889, i.d.F. des Gesetzes 11/1981 vom 13.5.1981 mit späteren Änderungen.

Artikel 11

Ziff. 1. Formen und Förmlichkeiten von Verträgen, Testamenten und sonstigen Rechtshandlungen bestimmen sich nach dem Recht des Landes, in dem sie zustandekommen. Sie sind jedoch auch dann gültig, wenn sie den Formen und Förmlichkeiten des inhaltlich auf sie anwendbaren Rechts durchgeführt werden; das gleiche gilt auch für Formen und Förmlichkeiten aufgrund des Heimatrechts des Verfügenden oder im Falle der Vornahme durch mehrere deren gemeinschaftlichen Rechts. In gleicher Weise sind Handlungen und Verträge über unbewegliche Sachen wirksam, wenn sie in Übereinstimmung mit den Formen und Förmlichkeiten des Belegenheitsortes zustandegekommen sind.

Werden rechtsgeschäftliche Handlungen dieser Art an Bord von Schiffen oder Flugzeugen während der Fahrt vorgenommen, so gelten sie als im Lande der Flagge, Eintragung oder Registrierung vorgenommen. Kriegsschiffe und Militärflugzeuge werden als Teil des Gebietes des Staates angesehen, dem sie angehören.

Ziff. 2. Wenn das für den Inhalt von Handlungen und Verträgen maßgebliche Recht für ihre Gültigkeit eine bestimmte Form oder Förmlichkeit verlangt, wird es immer angewendet, auch wenn sie im Ausland vorgenommen werden.

Ziff. 3. Das spanische Recht ist anwendbar auf Verträge, Testamente und sonstige Rechtshandlungen, die vor spanischen Diplomaten und Konsulatsbeamten im Ausland vorgenommen werden.

Artikel 12

Ziff. 1. Die rechtliche Einordnung zwecks Bestimmung der anwendbaren Kollisionsnorm erfolgt stets nach spanischem Recht.

...

Ziff. 3. In keinem Fall gelangt ausländisches Recht zur Anwendung, das dem Ordre Public widerspricht.

Ziff. 4 Die Anwendung einer Kollisionsnorm mit dem Ziel, zwingendes spanisches Recht zu umgehen, wird als unzulässige Gesetzesumgehung angesehen.

...

Ziff. 6. Gerichte und Behörden wenden von Amts wegen die Kollisionsnormen des spanischen Rechts an.

Wer sich auf die Anwendbarkeit ausländischen Rechts beruft, hat dessen Inhalt und Geltung mit nach spanischem Recht zugelassenen Beweismitteln dazulegen. Bei der Anwendung kann sich ein Richter gleichwohl noch anderer Rechtsfindungsmöglichkeiten bedienen, die er für notwendig ansieht, wobei er zu diesem Zweck die notwendigen Maßnahmen anordnen kann.

Artikel 13

Ziff. 1. Die Bestimmungen dieses Einführungstitels finden in ganz Spanien allgemeine und unmittelbare Anwendung, soweit es um die Bestimmung des Gesetzeszweckes und um allgemeine Anwendungsregeln geht; das gleiche gilt auch für die Bestimmungen des Titels IV des Buches I, jedoch mit Ausnahme derjenigen, die sich auf das eheliche Güterrecht beziehen.

Ziff. 2. Im übrigen gilt in Provinzen und Territorien, in denen Sonder- oder Foralrechte als gültiges Recht anwendbar sind, der Código Civil als Ersatzrecht dann, wenn ihre jeweilien Sondernormen keine entsprechenden Rechtsregeln aufweisen.

Artikel 15

Ziff. 1. Mit dem Erwerb der spanischen Staatsangehörigkeit ist grundsätzlich der Erwerb der allgemeinen territorialen Gebietszugehörigkeit verbunden, es sei denn, der Ausländer hat seinen Wohnsitz in einem Sonder- oder Foralrechtsgebiet, behält diesen für den Erwerb gemäß dem vorigen Artikel notwendigen Zeitraum bei und optiert im Staatsangehörigkeitsantrag für die Sonder- oder Foralrechtsgebietszugehörigkeit.

Artikel 684

Die Testierung in fremder Sprache erfordert die Anwesenheit zweier, vom Erblasser ausgewählter Übersetzer, die die letztwillige Verfügung ins Spanische übertragen. Das Testament soll in beiden Sprachen geschrieben werden.

Artikel 688

...

Abs. 4. Ausländer können ihr privatschriftliches Testament in ihrer eigenen Sprache verfassen.

Artikel 735

Der diplomatische oder konsularische Beamte leitet eine Kopie des offenen Testaments, nachdem er es durch Unterschrift und Siegel autorisiert hat, bzw. des Schriftstücks über die Errichtung eines geschlossenen Testaments, an das Staatsministerium zwecks Verwahrung im Archiv.

b) *Ley Hipotecaria (Hypothekengesetz)* [17]

Artikel 4

In das Register können auch die in Artikel 2 erwähnten Urkunden eingetragen werden, die im Ausland bewilligt wurden, sofern sie in Spanien Rechtswirkung entfalten können auf Grund der Gesetze, und von ausländischen Gerichten verkündete vollstreckbare Urteile gemäß den Bestimmungen der Zivilprozeßordnung.

Artikel 14

Erburkunden für das Grundbuchamt sind das Testament, der Erbvertrag oder bei Nichtvorliegen letztwilliger Verfügungen der gerichtliche Erbschein.

Um Güter und bestimmte Zuerkennungen eintragen zu könen, müssen die Güter oder deren ungeteilte Anteile, die einem jeden Inhaber oder Erben zustehen, in einer öffentlichen Urkunde oder in einem rechtskräftigen Urteil feststehen mit Ausnahme des im nächsten Absatz Bestimmten

Handelt es sich um einen Alleinerben und ist weder ein Noterbberechtigter noch ein Kommissar noch jemand vorhanden, der zur Zuteilung der Erbschaft befugt ist, so reicht die Erbberechtigungsurkunde nebst der Vorlage der in Artikel 16 dieses Gesetzes näher bezeichneten Urkunden aus, um die Güter und Rechte, als deren Inhaber der Erblasser im Grundbuch eingetragen war, auf den Erben umzuschreiben.

Artikel 16

Hat jemand aufgrund eines Testaments oder eines anderen Gesamt- oder Einzelrechts-Nachfolgetitel das Eigentum an unbeweglichen Sachen oder dinglichen Rechten erworben, indem diese im einzelnen nicht angegeben oder beschrieben werden, so kann er die Umschreibung verlangen unter Vorlage des genannten Titels gemeinsam mit einem Schriftstück, das die Übertragung bekundet sowie durch andere beweiskräftige Urkun-den, aufgrund deren der Nachweis erbracht wird, daß die umzuschreibenden Rechte zu denen gehören, die von der Nachlaßberechtigung erfaßt werden.

c) *Reglamento de la Ley Hipotecario (Hypothekenverordnung)* [18]

Artikel 36

Im Ausland errichtete Urkunden sind eintragbar, wenn sie die nachstehenden Voraussetzungen erfüllen:
Erstens. Gegenstand und Rechtsnatur der Handlung oder des Vertrages müssen

---

[17] L.H. vom 8.2.1946, B.O.E. Nr. 58 vom 27.2.1946.

[18] R.H. vom 14.2.1947, B.O.E. Nr. 106 vom 16.4.1947.

aufgrund der spanischen Gesetze erlaubt und zulässig sein.

Zweitens. Die in der Urkunde Handelnden müssen aufgrund der Gesetze ihres Landes die für das Rechtsgeschäft erforderliche Rechts- und Geschäftsfähigkeit besitzen.

Drittens. Die Urkundserrichtung muß unter Wahrung der Formen und Förmlichkeiten, die im Lande des Vertragsschlusses bzw. der Erklärungsabgabe gelten, erfolgt sein.

Viertens. Die Urkunde muß die Legalisierung und die weiteren Erfordernisse enthalten, um in Spanien Rechtswirkungen entfalten zu können.

Die in den Ziffern 2 und 3 genannten Voraussetzungen können erbracht werden durch Bescheinigung des spanischen Berufskonsuls in dem entsprechenden Land.

Die allgemeine Geschäftsfähigkeit von Ausländern, die auf spanischem Gebiet Urkunden unterzeichnen, und die Eingang in das Grundbuch finden sollen, kann, wenn dies der Notar für genügend erachtet, durch Bescheinigung des Konsuls ihres Landes nachgewiesen werden.

Artikel 83

Ist nur ein Erbe vorhanden, so ist die Erbannahmerklärung vorzulegen, sofern sich dies aufgrund des vorigen Artikels als notwendig erweist, oder gleichfalls eine öffentliche Urkunde, in der sämtliche Beteiligten ihr Einverständis erklärt haben, sofern lediglich ein Teil des Nachlaßvermögens übertragen wird und sich dieses innerhalb der freien Verfügungsgewalt befindet.

Vermächtnisse über unbewegliches Vermögen, die dieses genau bezeichnen, können aufgrund des Übergabeprotokolls, das von dem Vermächtnisnehmer und von dem hierzu ermächtigten Testamentsvollstrecker oder Testamentsverwalter oder von dem oder den Erben selbst in öffentlicher Form errichtet worden ist, in das Grundbuch eingetragen werden.

d) *Reglamento de la Organización y Régimen del Notariado (Notariatsverordnung)*[19]

Artikel 150

Wenn Ausländer das Spanische nicht verstehen, der Notar hingegen ihrer Sprache kundig ist, so kann er die öffentliche Urkunde beglaubigen, wobei er festzuhalten hat, daß er ihren Inhalt wörtlich übersetzt und den erklärten Willen getreu in der öffentlichen Urkunde wiedergegeben hat.

Die Urkunde kann in diesem Fall auch in zwei Spalten in beiden Sprachen in ähnlicher Form wie im vorigen Artikel errichtet werden, wenn dies der seinen Willen erklärende Ausländer so wünscht, und zwar auch dann, wenn er perfekt die spanische Sprache beherrscht.

Wenn weder der Ausländer die spanische Sprache noch der Notar dessen eigene Sprache versteht, ist zur Errichtung einer öffentlichen Urkunde die Anwesenheit eines offiziellen Dolmetschers erforderlich, der die erforderlichen Übersetzungen mündlich oder schriftlich anfertigt, wobei er unter seiner Verantwortlichkeit erklärt, daß das spanische Original mit der Übersetzung übereinstimmt.

In Übereinstimmung mit dem Vorstehenden kann der Notar, der der ausländischen Sprache kundig ist, die schriftlichen Unterlagen in die entsprechende Sprache übersetzen, was notwendigerweise in der Urkunde zu vermerken oder mit ihr in Verbindung zu bringen ist.

Artikel 168

....

Ziffer 5. Die Rechtsfähigkeit von Ausländern, die vor einem spanischen Notar Urkunden errichten, richtet sich nach ihrem Heimatrecht; kennt dies der Notar nicht, so holt er eine Bescheinigung beim Generalkonsul oder diplomatischen Vertreter des entsprechenden Landes in Spanien ein. Ist in dem Staat des Ausländers nicht üblich, mehr als Vornamen und

---

[19] R.N. vom 2.6.1944, B.O.E. Nr. 189 vom 7.7.1944.

ersten Nachnamen zu gebrauchen, so kann der Notar davon absehen, die Erklärung des zweiten Nachnamens zu verlangen, und zwar auch dann, wenn es sich um Urkunden handelt, die in das Grundbuch eingetragen werden. Wenn vom Notar bei der Abfassung einer Urkunde oder eines notariellen Aktes im Ausland errichtete Urkunden zu prüfen sind, so kann durch eine Bescheinigung des spanischen Konsuls in dem entsprechenden Lande die Beibringung des Nachweises bezüglich der Rechtsfähigkeit derjenigen, die die Urkunden errichtet haben sowie die Beachtung der Formen und Förmlichkeiten des betreffenden Landes verlangt werden.

Anhang II - Über das Register letztwilliger Verfügungen

Artikel 3 D

Personen mit Wohnsitz oder Aufenthalt im Ausland, die vor einem ausländischen Urkundsbeamten ein Testament errichten, können diese Tatsache vor einem diplomatischen oder konsularischen Beamten Spaniens durch Unterzeichnung eines Aktes zu Protokoll geben, wobei Vor- und Nachnamen, Familienstand des Testators, Vor- und Nachnamen des Ehegatten anzugeben sind, sofern der Testator verheiratet oder verwitwet ist, ferner Rechtsnatur und Gebietszugehörigkeit, Namen der Eltern, Vor- und Nachnamen der Urkundsperson, die die Protokollierung vorgenommen hat, ferner Datum und Ort der Errichtung und Art der Urkunde. Der spanische diplomatische oder konsularische Vertreter übermittelt derartige Akte und sämtliche Daten dem Zentralen Nachlaßregister [in Madrid].

e) Ley de Enjuiciamiento Civil (Zivilprozeßordnung) [20]

Artikel 63

....

Ziff. 5. In Angelegenheiten der gewillkürten oder der gesetzlichen Erbfolge ist das Gericht des Ortes zuständig, an dem der Erblasser seinen letzten Wohnsitz gehabt hat. Hat sich der letzte Wohnsitz im Ausland befunden, ist zuständiges Gericht das des letzten Wohnsitzes in Spanien oder dasjenige, an dem sich der überwiegende Teil des Vermögens befindet.

Dessen ungeachtet, hat das für den Sterbeort zuständige Gericht I. Instanz oder das Amtsgericht die notwendigen Maßnahmen für die Beerdigung des Verstorbenen und für die Trauerfeier zu ergreifen; in gleicher Weise haben die genannten Gerichte, in deren örtlicher Zuständigkeit sich Vermögen des Verstorbenen befindet, die notwendigen Maßnahmen zu ergreifen, Bücher und Schriftstücke in Verwahrung zu nehmen und die aufgenommenen gerichtlichen Vorgänge an das für Angelegenheiten der gewillkürten oder gesetzlichen Erbfolge zuständige Gericht zu übersenden und ihr Verfahren abzuschließen.

Artikel 70

Die vorstehend genannten Zuständigkeitsregeln betreffen Ausländer, die innerhalb des Verfahrens der freiwilligen Gerichtsbarkeit gegen Spanier oder gegen andere Ausländer in Angelegenheiten spanische Gerichte anrufen, Anträge stellen, als Kläger oder Beklagte auftreten oder selbst erscheinen, sofern die spanische Gerichtsbarkeit aufgrund der spanischen Gesetze oder aufgrund von Verträgen mit anderen Staaten gegeben ist.

Artikel 1956

Wer in seinem Besitz ein verschlossenes Testament hat, ist unmittelbar nach Kenntnis vom Todes des Erblassers zur Herausgabe an den zuständigen Richter verpflichtet.

---

[20] L.E.C. vom 3.2.1881, Gaceta Nr. 36-58 vom 5.2. - 22.2.1881.

STICHWORTVERZEICHNIS

Abkommen 6
Deutsch-spanisches Anerkennungs-
und Vollstreckungs- 96
Haager -
über den Zivilprozeß 70, 97
über die internationale Abwicklung
von Nachlässen 77
Testamentsform- **25 f.**, 43, 47, 94
Konsular- 70
Übereinkommen über die Errichtung
einer Organisation zur Registrie-
rung von Testamenten 52
UN - über die Rechtsstellung der
Staatenlosen 93
Abgabefrist für Erbschaftsteuer-
erklärung 113
Acta de notoriedad 62
Adjudicación 66
Alava s. Foralrecht
Albacea 76
Anfechtung letztwilliger Verfügungen 57-59
-sfrist 58
Anrechnungsprinzip 117 f.
Ansässigkeit 101
Anwendbares Recht
s. Internationales Privatrecht
Apostille 54, 63, 65, 78, 114
Aragón 42, 47
s.a. Foralrecht
Aufgebotsverfahren 80
Auseinandersetzung
s. Erb-
Ausgleich der Doppelbesteuerung 117 f.
Auskunftsrecht 4
Ausschlagung 4, 14, 80
s.a. Erbausschlagung
Auto 63
Autoliquidación 114

Balearen 47
s.a. Foralrecht
Bankfragen, erbrechtliche 99 f.
Baskenland 45
s.a. Foralrecht
Belegenheitsprinzip 2 f., 10
Bemessungsgrundlage 104
Beurkundung, konsularische
s. Konsularische -
s.a. Testament, notarielles

Biskaya s. Foralrecht
Brunner 8

Compilacion s. Foralrecht
Contador s. *Partidor*
Cuenta corriente conjunta 100
Cuenta corriente indistinta 99

*D*elegación de Hacienda 98
Dirección General de los Registros
y del Notariado 53 f.
Don Quijote 38
Doppelbesteuerung 117 f.
Drei-Monats-Einrede 80
Dürftigkeitseinrede 82

Ehegüterrecht s. Güterrecht
Eigentumsregister 16 f., 66 f., 115
Einheitswert 104 f., 110
Erbauseinandersetzung 73
Erbausschlagung 79
Erbeinsetzung 27, 30, 46
Erbengemeinschaft 72
Erbfall
Eintritt des -s 60
Erbfolge
gesetzliche - 23 f.
gewillkürte - 24
Erbgang 17
Erbrecht
- des adoptierten Kindes 20
- des nichtehelichen Kindes 23
Erbquote 23, 30
Erbrechtszeugnis s. Erbzeugnis
Erbschaftsannahme
-erklärung 14, 16, 63, **65**
Erbschaftsteuer 67, 97, **101-116**
Anrechnung der - 112, 117
-erklärung 75, 113
-sfrist 113 f.
Teilsteuererklärung 114
Fälligkeit der - 112 f.
Ratenzahlung 116
Stundung der -n 116
Steuerpflichtige 103 f.
Verjährung der - 103, 112
Erbschein 33, 49, **60-62**, 69, 95, 100, 114, 127
Beweiskraft des -s 64
-erteilungsverfahren 37, 64

Kosten des -- 40
-santrag 62
gegenständlich beschränkter - 63
Erbstatut 3 f., **16-21**, 92-94
Erbteilung 66, 96
Erbvertrag 5, 25, 30, 46-49, 58
Erbverzicht 4, 46, 84 f.
Erbzeugnis
  spanisches - 125 f.
*Escritura pública de Aceptación
  de Herencia 63*

Flüchtlinge 93
Foralrecht 4, 8, 12 f., 24, 42, 47
Form
  letztwilliger Verfügungen 25 f., 35,
  Nichtigkeit 35
Freibeträge 102, 107
Fremdrechtserbschein 71

Galizien s. Foralrecht
Gantzer 9
Generaldirektion für Register und
  Notariate 53 f.,
Genfer Konvention über die Rechts-
  stellung der Flüchtlinge 93
Gerichte 95-98
Gerichtsstand der Erbschaft 96
Gesamtrechtsnachfolge 4, 14
Gesetzliche Erbfolge s. Erbfolge
Gläubigersäumnis 81
Güterrechtsstatut 19
Güterstand, ehelicher 86

Haftung für Nachlaßverbind-
  lichkeiten 79
Haftungsbeschränkung 68 f., 79-82
Hausrat 105
Heimatrecht 20, 24, 43, 46, 56, 86
Hierneis 8
Hinterlegung 69
  - letztwilliger Verfügungen 50

Inventarerrichtung 69, 74, 81
Internationales Privatrecht 2, 11 f., 29, 56, 61,
  87, 89 f.

Juzgado de Primera Instancia 63, 97

Katalonien 47 f.,
  s.a. Foralrecht
Klage (erbrechtliche) 96
Kollisions-
  -norm 2

-recht s. Internationales Privatrecht
Konsularische Beurkundungen 38 f., 50, 95,
  122
Konsulate 95, 98
Kosten 40, 75

Lebensversicherung 101 f., 112
Legitima 83 f.
lex fori 17
lex rei sitae 17 f., 68, 73

Mehrstaater 61, 92 f.
Mejora 84
Miterben 17
  -gemeinschaft 4

Nacherbschaft 17
Nachlaß
  -behörden 95-98
  -einheit 10 f.
  -ermittlung 74
  -fürsorge 74 f.
  -gericht 3, 5, 33, 36 f., 40, 49, 59,
    61 f., 69 f., 78 f., 95
    örtlicheZuständigkeit 95 f.
  -gläubiger 69
  -konkurs 69, 81 f.
  -pflegschaft 69, 81
  -register
    s. Zentrales Nachlaßregister
  -spaltung 2, 11, 26, 92
  -teilung 74
  Überschuldung des - 82
  Umfang des - 4, 17
  -verbindlichkeiten 75
    Haftung für - 4
  -verfahren 68-71
  -verwalter 61
  -verwaltung 81
  -verzeichnis 69
  -zeugnis nach spanischem
    Recht 62
Navarra 42, 47
  s.a. Foralrecht
Nießbrauch 24
  -sbesteuerung 105
Notar s. Testament, notarielles
Noterben 84
Noterbrechte 28, 83, 94
Nutzungsrechte 105

Öffentlicher Glaube 49, 78
Öffentliche Ordnung 22
Ordre public 5, 21 f., 43, 49, 73, 84

Partidor 76
Personalstatut 20 f., 92 f.
Pflichtteils-
-ansprüche 46, **83-85**, 94, 96
-berechtigter 58
Plus-Valia 117 f.
Prozeßpflegschaft 70

Rau 8
Rechts
-gebietszugehörigkeit 13
-hilfe, internationale 70
-wahl 90
im Erbrecht 28 f., 85, 87
Registrierung von Testamenten
in Spanien 51-53
s.a. Zentrales Nachlaßregister
Registro Civil 60, 97
Registro de Actos de Ultima Voluntad
s. Zentrales Nachlaßregister
Representante fiscal 115
Reserva 84

Schadensersatz 36, 71
Schenkung
- unter Lebenden 106, 112
- von Todes wegen 4, 25, 52, 55, 102
Schenkungssteuern 102, 106, 112
Sonderrechte s. Foralrecht
Sondertestamentsformen 44
Sprache des Testaments
s. Testament
Staatenlose 93 f.
Staatenwechsler 94
Staatsangehörigkeits-
-sprinzip 2 f., 10 f., 13, 101
-wechsel 28, 48, 94
Sterbeurkunde 56
Internationale - 60, 64, 114
Steuer
abzugsfähige Lasten 106
-behörde, spanische 98
-gegenstand 102
-pflicht
beschränkte 103 f.
unbeschränkte 103 f.
-repräsentant 115 f.
-satz 108
-subjekt 102
-veranlagung 113
s.a. Erbschaftsteuer
Stundung s.Erbschaftsteuer

Teilsteuererklärung 114
Teilungs-

-anordnung 30, 73
-klage 73
-versteigerung 73
Testament
„Berliner -" 41
eigenhändiges - 35, 50
gegenseitiges - 41
gemeinschaftliches - 30, 43, 57
Bindungswirkung des - - 31
Verbot des - - nach dem CC 42
Nichtigkeit s. Form
notarielles - 38-40, 119-121
privatschriftliches - 35, 50, 123
wechselbezügliches - 41, 43
Registrierung von -en
in Spanien 51-53
Sonderformen 44
Sprache des -s 33 f.
wechselbezügliches -
Testamento abierto 39 f.
Testaments-
-eröffnung 61 f.
-form 25
-kartei
-register s. Zentrales Nachlaßregister
-vollstrecker 27, 61
Aufgabe des -s 74
zeugnis 74, 76, 78, 95
-vollstreckung 4, 17, **74-78**
Testier
fähigkeit 37, 39 f.
freiheit 17, 26, 42
Treuhandeigentum 18

Urkundspersonen
s. Testament, notarielles
s.a. Konsularische Beurkundungen

Valor catastral 110
Verfügungen von Todes wegen
s. Erbvertrag
s. Testament
s. Vermächtnis
Verjährung s. Erbschaftsteuer
Vermächtnis 27, 30 f., 102
Vertrag zugunsten Dritter 56
Vertriebene s. Flüchtlinge
Verwahrung
- letztwilliger Verfügungen 36, 50, 57
Vollmacht
auf den Todesfall 89 f.
-sfragen 89-91
-statut 89 f.
über den Tod hinaus 90
Vollstreckung von Urteilen 96 f.

Vollstreckungsvertrag s. Abkommen
Vorausvermächtnis s. Vermächtnis
Vorerbschaft 17
Vorvermögen bei Nachlaßbesteuerung 108,
  111, 114

Wertzuwachssteuer 117 f.
Widerruf letztwilliger Verfügungen 42, 46,
  50, 52, 59
Wohnsitzprinzip 1, 3

Zentrales Nachlaßregister
  (Madrid) **51-53**, 59, 62, 65 f., 97
  Auszug 124
Zeugen 35, 40, 65
Zivilregister 60
Zugewinnausgleichsanspruch 23 f., 88
Zuständigkeit
  internationale - 5, 61, **68**

Bitte senden Sie
Ihr Spanien-Verlagsprogramm
an folgende Anschriften:

Bitte eine
Briefmarke.
Danke.

Drucksache
Werbeantwort

1. _____

_____

_____

edition für
internationale wirtschaft

Verlagsauslieferung
Telefon: 0 61 72 / 94 17 05
Telefax: 0 61 72 / 94 17 06
Postfach 14 25
D-61284 Bad Homburg

2. _____

_____

_____

3. _____

_____

_____

Bitte senden Sie
Ihr Spanien-Verlagsprogramm
an folgende Anschriften:

Bitte eine
Briefmarke.
Danke.

Drucksache
Werbeantwort

1. _____

_____

_____

edition für
internationale wirtschaft

Verlagsauslieferung
Telefon: 0 61 72 / 94 17 05
Telefax: 0 61 72 / 94 17 06
Postfach 14 25
D-61284 Bad Homburg

2. _____

_____

_____

3. _____

_____

_____

BESTELLKARTE

- ☐ 1 x Grundeigentum in Spanien DM 48,–*)
- ☐ 1 x Wohnungseigentum in Spanien DM 48,–*)
- ☐ 1 x Abkommen Deutschland/ Spanien DM 38,–*)
- ☐ 1 x Handbuch der Niederlassung in Spanien DM 75,–*)
- ☐ 1 x Erben und Vererben in Spanien DM 75,–*)
- ☐ 1 x Ausländer in Spanien DM 48,–*)
- ☐ 1 x DBA-Spanien DM 48,–*)
- ☐ 1 x Spanisches Handelsgesetzbuch DM 75,–*)
- ☐ 1 x Aktuelles spanisches Handels- und Wirtschaftsrecht DM 168,–*)
- ☐ 1 x Die spanische GmbH DM 98,–*)
- ☐ 1 x Jahresabschlußprüfung DM 98,–*)
- ☐ 1 x Das neue spanische Scheckrecht DM 48,–*)
- ☐ 1 x Spanisches Patentrecht DM 98,–*)
- ☐ 1 x La GmbH DM 98,–*)
- ☐ 1 x Vertragsauflösung DM 68,–*)
- ☐ 1 x Das neue Recht des unlauteren Wettbewerbs in Spanien DM 92,–*)

Bezahlung erfolgt per (Zutreffendes bitte ankreuzen):

- ☐ Scheck liegt an
- ☐ VISA
- ☐ Eurocard
- ☐ Banküberweisung
- ☐ American Express

Karten-Nr. .... gültig bis: ....

_____

Unterschrift des Kontoinhabers

- ☐ Bitte per Nachnahme.
  Nachnahmekosten will ich zusätzlich tragen.

_____

Name / Firma

_____

Straße

_____

Postleitzahl und Ort

_____

Unterschrift

_____

Datum

*) zuzgl. DM 3,– Porto und Versandkosten pro Sendung

BESTELLKARTE

- ☐ 1 x Grundeigentum in Spanien DM 48,–*)
- ☐ 1 x Wohnungseigentum in Spanien DM 48,–*)
- ☐ 1 x Abkommen Deutschland/ Spanien DM 38,–*)
- ☐ 1 x Handbuch der Niederlassung in Spanien DM 75,–*)
- ☐ 1 x Erben und Vererben in Spanien DM 75,–*)
- ☐ 1 x Ausländer in Spanien DM 48,–*)
- ☐ 1 x DBA-Spanien DM 48,–*)
- ☐ 1 x Spanisches Handelsgesetzbuch DM 75,–*)
- ☐ 1 x Aktuelles spanisches Handels- und Wirtschaftsrecht DM 168,–*)
- ☐ 1 x Die spanische GmbH DM 98,–*)
- ☐ 1 x Jahresabschlußprüfung DM 98,–*)
- ☐ 1 x Das neue spanische Scheckrecht DM 48,–*)
- ☐ 1 x Spanisches Patentrecht DM 98,–*)
- ☐ 1 x La GmbH DM 98,–*)
- ☐ 1 x Vertragsauflösung DM 68,–*)
- ☐ 1 x Das neue Recht des unlauteren Wettbewerbs in Spanien DM 92,–*)

Bezahlung erfolgt per (Zutreffendes bitte ankreuzen):

- ☐ Scheck liegt an
- ☐ VISA
- ☐ Eurocard
- ☐ Banküberweisung
- ☐ American Express

Karten-Nr. .... gültig bis: ....

_____

Unterschrift des Kontoinhabers

- ☐ Bitte per Nachnahme.
  Nachnahmekosten will ich zusätzlich tragen.

_____

Name / Firma

_____

Straße

_____

Postleitzahl und Ort

_____

Unterschrift

_____

Datum

*) zuzgl. DM 3,– Porto und Versandkosten pro Sendung